C·H·Beck
PAPERBACK

«Ich sollte eigentlich jung sterben und habe letzten Endes recht lange gelebt.» François Cheng, der seine chinesische Heimat kurz nach dem Zweiten Weltkrieg verließ, hat den Tod früh kennengelernt. Sein Buch ist so demütig, wie seine Gedanken frei von Furcht sind. Ein ewiges Leben können wir uns im Grunde nicht vorstellen. Ihm würde nicht nur das Bewusstsein des Todes fehlen, sondern zugleich alles, was uns das Leben kostbar macht. Anstatt den Tod von der Seite des Lebens aus wie ein Schreckgespenst anzustarren, sollten wir daher das Leben von der anderen Seite, von unserem Tod aus, betrachten. Erst dann kann es uns gelingen, uns dem Leben in seiner Fülle offen zuzuwenden. Chengs Betrachtungen sind eine sanfte und doch unwiderstehliche Einladung, diese Wende zu vollziehen: ein ost-westliches Trostbuch von großer Lebensweisheit.

François Cheng, geboren 1929 in China, siedelte mit neunzehn Jahren nach Frankreich über. Er hat zahlreiche Romane, Gedichte und Schriften über das chinesische Denken verfasst und ist darüber hinaus ein berühmter Kalligraph. 1998 wurde er mit dem *Prix Femina* ausgezeichnet. Seit 2002 ist er Mitglied der Académie française. Bei C.H.Beck sind von ihm erschienen: *Fünf Meditationen über die Schönheit* (2008, C.H.Beck Paperback ^{3}2020) und *Über die Schönheit der Seele* (2018, C.H.Beck Paperback 2019).

François Cheng

Fünf Meditationen über den Tod

und über das Leben

Aus dem Französischen
von Thomas Schultz

C.H.Beck

sheng-sheng-bu-xi

Das Leben erzeugt das
Leben, ohne Ende.

Die Originalausgabe erschien auf Französisch unter dem Titel:
Cinq Méditations sur la mort autrement dit sur la vie

Die deutsche Ausgabe erschien zuerst 2015 in gebundener Form im Verlag C.H.Beck.

Seite 5: Kalligraphie von François Cheng

Für die deutsche Ausgabe:

www.chbeck.de
Umschlaggestaltung: Konstanze Berner, München
Umschlagabbildung: © Hanka Steidle / plainpicture
Satz: Fotosatz Amann, Memmingen
Druck und Bindung: Druckerei C.H.Beck, Nördlingen
Printed in Germany
ISBN 978 3 406 80844 9

myclimate

klimaneutral produziert
www.chbeck.de/nachhaltig

Inhalt

Vorwort des französischen Verlages

Um das Wesentliche zu sagen, das er über die Schönheit weiterzugeben hatte – ein Thema, von dem seiner Ansicht nach nichts Geringeres als das Heil der Welt abhängt, wie einst Dostojewski betonte –, entschied sich François Cheng vor einigen Jahren, einen Umweg über die mündliche Formulierung und Kommunikation zu nehmen, über die Begegnung mit Menschen aus Fleisch und Blut. Seine Fünf Meditationen über die Schönheit *teilte er daher mit einer Gruppe von Freunden im Verlauf von fünf denkwürdigen Abenden, bevor er sie schriftlich einem breiten Publikum zugänglich machte.*

Sieben Jahre später, im Alter von vierundachtzig Jahren, verspürte der Dichter eine Art zwingende Notwendigkeit, über den Tod zu sprechen. Über den Tod, oder anders gesagt, über das Leben, denn seine Überlegungen, in denen chinesisches und westliches Denken einander begegnen, sind von einer leidenschaftlichen Vision des «offenen Lebens» inspiriert. Aber wenn ihm schon die Schönheit als ein zu vitales, zu dringliches Thema erschienen war, um Gegenstand einer akademischen Abhandlung zu sein, wie sehr dann erst der Tod! Darum lag es auf der Hand, hier in denselben fließenden Prozess zwischen mündlichem Austausch und Niederschrift einzutreten.[1]

Die hier vorliegenden Meditationen entstanden also ebenfalls aus dem Miteinander-Teilen und sind vom Austausch zwischen dem Dichter und seinen Gesprächspartnern geprägt. Der Leser wird selbst zum Teilnehmer an diesem Austausch, er kann sich zu den «lieben Freunden» zählen, an die sich der Autor wendet. Er hört, wie Letzterer sich an seinem Lebensabend über ein Thema äußert, das viele eigentlich lieber meiden. Er offenbart sich hier, wie er es vielleicht noch nie getan hatte, mit so bescheidenen wie mutigen Worten. Er gibt nicht vor, irgendeine «Botschaft» über das Sein nach dem Leben zu verkünden, noch einen dogmatischen Diskurs zu erarbeiten, er zeigt nur eine Sichtweise. Eine aufwärtsstrebende Sicht, die unsere Wahrnehmung der menschlichen Existenz umkehrt und uns einlädt, das Leben im Licht unseres eigenen Todes zu betrachten, denn das Bewusstsein des Todes verleiht seiner Ansicht nach unserem Schicksal, das er als Teil eines großen, im Werden begriffenen ABENTEUERS versteht, erst seinen ganzen Sinn.

Wir befinden uns also hier, wie schon in den Meditationen über die Schönheit, in einem spiralartigen Denken, das sich nicht scheut, mehrfach auf bestimmte Themen, bestimmte Wörter zurückzukommen, um sie noch eingehender zu hinterfragen. Dennoch ist sich gerade dieses Denken der Grenzen der Sprache bewusst, denn es gibt immer wieder Momente, in denen der Tod uns sprachlos *macht. Dann stellt sich Schweigen ein … oder aber das Gedicht, das verklärte Wort. Weshalb die fünfte dieser Meditationen den Weg der Dichtung wählt, damit über den Tod hinaus der Gesang der Lyrik das letzte Wort erhält.*

Jean Mouttapa

Erste Meditation

Liebe Freunde, danke, dass Sie gekommen sind, danke, dass Sie diesen gastlichen Raum mit Ihrer Anwesenheit erfüllen. Zu dieser im Voraus verabredeten Stunde zwischen Tag und Nacht haben wir uns also hier versammelt. Und von diesem Moment an wird die uns gemeinsame Sprache einen goldenen Faden zwischen uns spinnen und versuchen, eine Wahrheit ans Licht zu bringen, die von allen geteilt werden kann.

Doch denken wir nur ein wenig darüber nach, so müssen wir uns eingestehen, dass wir von weit her kommen. Jeder von uns steht in einer langen Reihe von Generationen, die er nicht kennt, und jeder ist von unüberschaubaren blutsverwandtschaftlichen Bindungen bestimmt, die er sich nicht ausgesucht hat. Es gab keinerlei Grund zu der Annahme, dass wir den Wunsch und die Fähigkeiten haben könnten, hier zusammenzukommen, irgendeinen Sinn darin zu sehen, einfach an diesem Ort zusammen zu sein. Sind wir nicht tatsächlich tief im Innern eines rätselhaften Universums verloren, in dem, wie viele meinen, der reine Zufall herrscht? Warum gibt es das Universum? Wir wissen es nicht. Warum gibt es das Leben? Wir wissen es nicht. Warum gibt es uns? Wir wissen nichts darüber, oder fast nichts. Auch hier sind wieder viele der Ansicht, das Universum sei eines Tages durch Zufall entstanden. Zu Beginn sei etwas extrem Dichtes explodiert und in Milliarden und Abermilliarden von Bruchstücken zerfallen. Viel später dann sei durch Zufall auf einem dieser Bruchstücke das Leben erschienen. Ein unwahrscheinliches Zusammentreffen einiger chemischer Elemente, und schon ging «es» los! Aber nachdem der Prozess einmal in Gang gesetzt war, sei «es» unaufhörlich weitergewachsen, habe stetig an Größe und Komplexität zugenommen, sich immer weiter fortgesetzt und verändert bis zum Erscheinen der Lebewesen, die wir als «Menschen» bezeichnen. Welche Bedeutung haben diese nun im Verhältnis zu der gigantischen, sozusagen grenzenlosen Existenz des Universums? Ist das Bruchstück, auf dem das Leben erschienen ist, größer als ein Sandkorn inmitten unzähliger anderer Bruchstücke? Einer weit verbreiteten Ansicht zufolge wird der Mensch eines Tages verschwinden, das Leben insgesamt wird verschwinden und als einzige Spur nichts als eine vertrocknete Kruste hinterlassen, ohne dass das Universum davon Notiz nimmt. Ist es angesichts solcher Aussichten nicht ein wenig zu belächeln, ja sogar völlig lächerlich, dass wir uns so ernst nehmen, dass wir uns heute Abend versammeln und uns gelehrt daranmachen, über den Tod und damit über das Leben zu meditieren?

Indes, wie könnten wir leugnen, dass wir heute hier versammelt sind, eben weil diese Fragen existieren und weil sie uns keine Ruhe lassen? Dass sie sich uns überhaupt stellen, ist selbst schon ein Zeichen. Könnte unsere Existenz gar keinen Sinn haben, wäre uns der Gedanke an einen Sinn niemals gekommen. Nun fragt aber die Menschheit bekanntlich von jeher nach dem Warum ihrer Anwesenheit inmitten dieses Universums, das sie ein wenig kennen und doch sehr lieben gelernt hat. Wir wissen auch, dass wir uns diese Frage umso banger stellen, als wir uns sterblich wissen. Der Tod gewährt uns keine Atempause, er treibt uns in die Enge. Das ist wahrscheinlich auch der Grund, warum ich mich so kühn vor Sie hinstelle. Ich besitze dafür keine besondere Qualifikation. Die Identität meiner Person besteht aus einigen wenigen, alles in allem sehr banalen Merkmalen: Ich sollte eigentlich jung sterben und habe letzten Endes recht lange gelebt. Ich habe viel Zeit, im Grunde meine gesamte Zeit, mit Lesen und Schreiben verbracht, vor allem aber mit Denken und Meditieren. Ich gehöre zwei Kulturen an, die an den beiden Rändern des riesigen eurasischen Kontinents beheimatet und so unterschiedlich sind, dass sie mich buchstäblich zerreißen, mich aber gleichzeitig geistig befruchten, sofern ich mir von beiden jeweils das Beste anzueignen vermag. Was ich hier ausführen werde, ist von dieser lebenslangen Auseinandersetzung geprägt.

Ich möchte gleich zu Anfang ohne Umschweife sagen, dass ich zu denen gehöre, die sich entschlossen zur Ordnung des Lebens bekennen. Für uns ist das Leben keineswegs eine Begleiterscheinung des außerordentlichen Abenteuers des Universums. Wir finden uns nicht mit der Ansicht ab, der zufolge das rein aus Materie bestehende Universum sich hervorgebracht habe, ohne es zu wissen, und sich seiner eigenen Existenz nach all diesen Milliarden von Jahren noch immer nicht bewusst sei. Obwohl es von sich selbst nichts wisse, sei es fähig gewesen, bewusste und handelnde Wesen hervorzubringen, die es einen winzigen Moment lang gesehen, kennengelernt und geliebt hätten, um gleich darauf wieder zu verschwinden. Als wäre all das zu nichts gut gewesen ... Nein, wirklich, wir wenden uns ganz entschieden gegen diesen Nihilismus, der heutzutage zu einem Gemeinplatz geworden ist. Natürlich messen wir der Materie den ihr zukommenden Wert bei, ohne sie würde nichts existieren. Wir nehmen auch ihre langsame Entwicklung und ihr Erwachen zum Leben wahr. Aber aus unserer Sicht ist das Prinzip des Lebens von Anfang an in der Entstehung des Universums angelegt. Und der Geist, der dieses Prinzip trägt, ist kein bloßes Derivat der Materie. Er ist Teil des URSPRUNGS und damit Teil des gesamten Erscheinungsprozesses des Lebens, dessen unglaubliche Komplexität uns unwillkürlich in Erstaunen versetzt. Doch während wir auf die tragischen Umstände unseres Schicksals empfindsam reagieren, lassen wir uns vom Leben in seiner ganzen unermesslichen Tiefe überschwemmen, von einer Flut unbekannter Versprechen und unsagbarer Gefühlswallungen.

Ich persönlich habe einen zusätzlichen Grund, mich zu diesen Verfechtern des Lebens zu zählen: Ich stamme aus der – wie es früher hieß – «Dritten Welt». Wir bildeten damals den Stamm der Verdammten, der ewig Siechenden und Verkümmernden, der Leid- und Trauertragenden, so wenig vom Schicksal verwöhnt, dass wir die winzigste Lebenskrume wie ein unverhofftes Geschenk empfingen. Wir, die Bedürftigen, hatten durchaus Grund, dem Leben grenzenlose Liebe entgegenzubringen: Wir hatten alle Bitternis der Existenz getrunken, aber auch – ab und an – von ihren unerhörten Reizen gekostet.

Wir also, die wir jede Form von Nihilismus ablehnen, gestehen, dass wir die Ordnung des Lebens bejahen. Hier stimmen wir in gewisser Weise mit der Intuition des Dao überein, egal welcher Kultur, welchen Überzeugungen wir uns zugehörig fühlen. DER WEG, diese ungeheure Bewegung hin zum lebendigen Universum, zeigt uns, dass ein HAUCH des Lebens das GANZE aus dem NICHTS erscheinen ließ. Wie die Materialisten, aus deren Sicht «es nichts gibt», sprechen auch wir tatsächlich vom NICHTS, aber dieses NICHTS bedeutet das GANZE. So können wir mit einem Ausspruch von Laozi, dem Vater des Daoismus, sagen: «Was ist, kommt von dem, was nicht ist, und das, was nicht ist, enthält das, was ist.»

Wir haben es hier mit einem Geheimnis zu tun, das unser Verständnis zu übersteigen scheint. Vielleicht nicht ganz und gar, denn wir verfügen, selbst in unserem sehr bescheidenen Maße, über eine recht vertraute Erfahrung mit dem NICHTS, aufgrund der einfachen Tatsache, dass wir sterblich sind. Der Tod lässt uns leibhaftig den unglaublichen Prozess erfahren, der das GANZE ins NICHTS umkippen lässt. Er gibt uns eine Vorstellung vom Zustand des NICHT-SEINS. Im Laufe des Lebens ist jeder von uns unmittelbar oder indirekt mit dem Tod geliebter Menschen oder dem Tod Unbekannter konfrontiert worden, und auf einer anderen Ebene sind wir selbst mehrmals «tot» gewesen. Anlass genug, sich der Allgegenwart und der Macht des Todes bewusst zu werden – des Todes des Einzelnen, des Todes unserer Gattung. Aber seltsamerweise sagt uns auch hier wieder eine Eingebung, dass uns gerade das Bewusstsein des Todes das Leben als ein absolutes Gut sehen lässt und die Ankunft des Lebens als ein einzigartiges Abenteuer, das durch nichts zu ersetzen ist.

Aber bevor wir einen Schritt weitergehen können, stößt unsere Meditation noch auf das eigentliche Rätsel des Todes, ein gleich zweifaches Rätsel: Zum einen sind wir nicht in der Lage, die Wirklichkeit des Todes zu erfassen – von jenseits der schicksalhaften Grenze ist niemand zurückgekehrt, um darüber zu berichten; und andererseits sind wir auch nicht fähig, uns eine Lebensordnung konkret vorzustellen, in welcher der Tod nicht existierte. Alle erhoffen wir ein ewig währendes Leben, und diese Hoffnung ist vollkommen legitim: Verstrickt in ein Abenteuer, das mit so vielen Prüfsteinen gepflastert ist, haben wir ein Recht, danach zu streben. Aber sind wir wirklich in der Lage, uns eine treffende Vorstellung davon zu machen, was man das «ewige Leben» nennt? Ist uns klar, unter welchen Bedingungen und Anforderungen eine solche Lebensordnung überhaupt denkbar wäre? Um das auch nur zu erahnen, müssten wir unserer Vorstellungskraft wohl einiges mehr an Kühnheit und Hartnäckigkeit abverlangen. Wir werden im Verlauf unserer letzten Meditation darauf zurückkommen.

Vorläufig wollen wir dennoch versuchen, anhand unserer Erfahrung des Lebens hier, uns einen Moment lang eine Existenzform vorzustellen, in der den Menschen der Tod vollkommen unbekannt wäre. Sie wären also schon immer da, schon immer Zeitgenossen. Übrigens würden Wörter wie «immer» und «Zeitgenossen» in ihrem Vokabular wahrscheinlich gar nicht existieren, denn Zeit käme in ihrer Welt nicht vor. Da alles von jeher da wäre, besäßen sie nicht die Vorstellung von einem Verrinnen oder einer Erneuerung und noch weniger die von einer Verwandlung oder Verklärung. Da sich alles wiederholen und verlängern ließe, gäbe es bei ihnen weder den unwiderstehlichen Drang noch den unbändigen Wunsch nach einer Verwirklichung. Sie empfänden keinerlei Erstaunen, keinerlei Dankbarkeit gegenüber der Existenz, die sie als eine endlos fortdauernde Gegebenheit wahrnehmen würden und nie als ein unverhofftes, unersetzliches Geschenk.

Wir wollen in der Beschreibung dieser erdachten Welt nicht weitergehen. Schon jetzt vermag sie uns bewusst zu machen, was das Wesen des Begriffs Leben ausmacht. Insbesondere ein Wort, das diesen Begriff zu charakterisieren scheint, kommt uns dabei in den Sinn, das Wort «werden». Ja, genau das ist Leben: Etwas erscheint und wird. Einmal erschienen, tritt es in den Prozess des Werdens ein. Ohne Werden gäbe es kein Leben. Leben ist nur Leben, indem es wird. So wird für uns auch die Bedeutung der Zeit verständlich, denn das Werden spielt sich in der Zeit ab. Die Zeit aber erfahren wir gerade durch die Existenz des Todes! Leben-Zeit-Tod ist ein untrennbares Ganzes, man kann es sogar Tod-Zeit-Leben nennen. Aber wie man es auch dreht und wendet, man kann sich ihnen nicht entziehen, diesen drei sich begleitenden und eng zusammengehörigen Wesenheiten, die jedes lebendige Phänomen bestimmen. Denn wenn uns auch scheint, dass die Zeit vor allem gierig Leben verschlingt, so bringt sie es zugleich doch auch hervor. Wir unterstehen ihrem Zugriff; das ist der Preis, den es zu zahlen gilt, um in den Prozess des Werdens einzutreten. Ihr Zugriff äußert sich in unaufhörlichen Zyklen von Geburt und Tod; er bestimmt die tragische Grundlage unseres Schicksals, eine Grundlage, die auch das Fundament für eine gewisse Größe sein könnte.

Der leibliche Tod, der uns Angst einflößt, der in den Händen Krimineller zum mächtigsten Instrument des BÖSEN wird – ein Thema, dem wir uns in einer anderen Meditation widmen werden – dieser Tod ist, wie wir nun bestürzt entdecken, zum Leben notwendig. Wir entdecken es mit Bestürzung oder voller Andacht, je nach Blickwinkel, denn der Tod kann sich als die innigste, verborgenste, persönlichste Dimension unserer Existenz erweisen. Er kann dieser unverzichtbare Knotenpunkt sein, um den herum sich das Leben aufbaut und gliedert. In diesem Sinne revolutionär ist der *Sonnengesang* von Franz von Assisi, der den leiblichen Tod «unsere Schwester»[2] nennt. Das lädt uns ein, die Perspektive zu wechseln: Anstatt den Tod von dieser Seite des Lebens aus wie ein Schreckgespenst anzustarren, könnten wir den Tod in unsere Sicht einbeziehen und das Leben von der anderen Seite, nämlich von unserem Tod aus betrachten. Mit einer solchen Haltung wären zeitlebens unsere Orientierung und unsere Handlungen entschieden dem Leben zugewandt.

Vollziehen wir diese Wende nicht, bleiben wir von einer hermetischen Sichtweise beherrscht, der zufolge unser Leben, egal was wir tun, enttäuschend endet mit einer Schlussfolgerung, die sich in einem Wort zusammenfassen lässt: das Nichts. Die Folge ist, dass wir den Verlauf unseres Lebens betrachten wie den Gefängnisaufenthalt eines zum Tode Verurteilten, dessen Hinrichtung immer wieder verschoben wird, aber unausweichlich ist, oder wie die Fahrt eines Rennwagens, der, von einem Wahnsinnigen gesteuert, «in mörderischem Tempo» dahinschießt, bis sich der unvorhergesehene und zugleich vorhersehbare Unfall ereignet. Betrachten wir dagegen das Leben aus einem tieferen Verständnis unseres Todes heraus, gelangen wir in den Genuss einer offeneren Sicht, und zwar in dem Maße, in dem wir im Einklang mit dem Prozess des Lebensursprungs an dem großen Abenteuer teilnehmen. Dann ist jeder Moment unseres Lebens dem Leben entschlossen zugewandt.

An dieser Stelle gelangt unsere Meditation an einen Wendepunkt. Um uns dabei zu helfen, weiter voranzuschreiten, wollen wir unser Augenmerk auf diejenigen unserer Vorgänger richten, die sich ernsthaft mit dem Problem des Todes beschäftigt haben. Wie Heidegger vertrauen auch wir, über philosophische Mutmaßungen hinaus, den Worten der Dichter, nicht wegen ihres lyrischen Ausdrucks, sondern wegen der plötzlichen Eingebung, die sie hervorgebracht hat, wegen ihrer in höchstem Maße fleischgewordenen Formulierung. Wir denken dabei an die Worte von Ovid und Dante, an die der metaphysischen englischen Dichter wie Milton und Eliot, und auf französischer Seite an die von Lamartine, Baudelaire, Péguy, Valéry oder Claudel. Aber den originellsten Standpunkt nimmt zweifellos Rilke ein. Von seinem berühmten Jugendgedicht «O Herr, gib jedem seinen eignen Tod» bis zu den *Duineser Elegien*, seinem letzten Werk, war der Tod das zentrale Thema seines Lebens. Ich schlage vor, dass wir einen Moment darauf verwenden, seiner Stimme zuzuhören. Für mich käme es einem Versäumnis gleich, es nicht zu tun, denn ich stimme zutiefst mit ihm überein, und diese Übereinstimmung wurde schon offensichtlich, als ich zum ersten Mal «O Herr, gib jedem seinen eignen Tod» las.

Das war kurz nach meiner Ankunft in Frankreich, Ende 1948. Ich war damals knapp zwanzig Jahre alt. Und ich fühlte mich so sehr in Einklang mit diesem Gedicht, dass ich darin meine eigene Stimme zu vernehmen glaubte. Ich erlaube mir, daran zu erinnern, dass vor diesem Datum alle Jahre meiner späten Kindheit und Jugend unter dem Zeichen des Krieges gestanden hatten, des Widerstandskriegs gegen Japan (1937–1945) und dann des Bürgerkriegs ab 1946. China befand sich damals in einem völligen Chaos und versank im Elend. Inmitten von Kämpfen, Massenfluchten, Bombardements und Krankheiten, deren Namen den Tod bedeuten – Tuberkulose, Malaria, Meningitis, Cholera … –, hing unser Leben jahrelang an einem seidenen Faden. Die Menschen meiner Generation glaubten, sie würden jung sterben, und ich, von schwacher Gesundheit, glaubte das noch mehr als andere. Doch unser Verlangen nach Leben war heftiger denn je zuvor. Unser Hunger und unser Durst zu existieren waren grenzenlos. Jeder noch so schwache Sonnenstrahl, jeder noch so winzige Tautropfen ließ unser Herz höherschlagen. Jeder noch so kleine Schluck Sojamilch, jeder noch so kleine Happen wilder Früchte war unendlich köstlich. Die Leidenschaft der Liebe hatte uns schon ergriffen, brannte in uns und schmeckte nach Honig und Asche.

Später gab mein erstes Gedicht auf Französisch, ein Vierzeiler, diese Erfahrung wieder:

Wir haben so viel Tau getrunken
Im Tausch für unser Blut
Dass die hundertmal verbrannte Erde
Uns dankbar ist, dass wir am Leben sind.

Ich wurde mir also schon sehr früh bewusst, dass gerade die Nähe des Todes uns diesen glühenden Drang nach Leben verspüren ließ und dass vor allem der Tod in uns wie ein Magnet wirkte, der uns zu einer Form der Verwirklichung hinzog. So wirkt er auch im Innern eines Obstbaums, der unaufhaltsam vom Stadium der Blätter und Blüten zu dem der Früchte wechselt, wobei die Früchte zugleich einen Zustand der Fülle und das Einverständnis mit dem Ende, dem Herabfallen zum Boden bedeuten. Als ich mit fünfzehn Jahren zu schreiben begann, verfasste ich Gedichte. Ich sagte mir immer wieder: «Egal, wie lange ich lebe, Hauptsache, ich sterbe einen Tod, der mir gehört, Hauptsache, ich sterbe als Dichter.» Als Dichter sterben wie Keats oder wie Shelley, deren Porträts die Wände meines Zimmers zierten.

Lesen wir jetzt die Gedichte von Rilke, die seinem *Buch von der Armut und vom Tode* entnommen sind:

O Herr, gib jedem seinen eignen Tod.
Das Sterben, das aus jenem Leben geht,
darin er Liebe hatte, Sinn und Not.[3]

Denn wir sind nur die Schale und das Blatt.
Der große Tod, den jeder in sich hat,
das ist die Frucht, um die sich alles dreht.

Um ihretwillen heben Mädchen an
und kommen wie ein Baum aus einer Laute,
und Knaben sehnen sich um sie zum Mann;
und Frauen sind den Wachsenden Vertraute
für Ängste, die sonst niemand nehmen kann.
Um ihretwillen bleibt *das Angeschaute*
wie Ewiges, auch wenn es lang verrann, –
und jeder, welcher bildete und baute,
ward Welt um diese Frucht, und fror und taute
und windete ihr zu und schien sie an.
In sie ist eingegangen alle Wärme
der Herzen und der Hirne weißes Glühn –:
Doch deine Engel ziehn wie Vogelschwärme,
und sie erfanden alle Früchte grün.[4]

Rilke äußert den sehnlichen Wunsch, dass jedem sein Tod gehören möge, weil er wie eine Frucht aus ihm entstanden ist. Und er versäumt nicht, festzustellen wie wir alle, dass die zu Boden gefallene Frucht sich doch nahe den Wurzeln wiederfindet. Indem sie den Boden fruchtbar macht, nimmt sie an der aufbauenden Kraft derselben teil. Erinnern wir hier daran, dass die Frucht im Chinesischen *guozi* heißt, was so viel bedeutet wie eine Hülle, die das Wesen und die Samen enthält. Es bedeutet zugleich eine Form der Erfüllung und eine Möglichkeit, anders wiedergeboren zu werden. Die Wurzeln sind der Ort des Todes und zugleich der Geburt. Auch in anderen Gedichten empfiehlt Rilke, sich nahe den Wurzeln aufzuhalten, das heißt dort, wo unser eigener Tod stattfinden wird. Diese Empfehlung erwächst keinesfalls aus einem Gefühl der Todessehnsucht, denn im Voraus seinen eigenen Tod aufsuchen, heißt die Quelle des Lebens aufsuchen, heißt im weiteren Verlauf den URSPRUNG aufsuchen, von dem das undenkbare Abenteuer ausging, das aus dem NICHTS das GANZE erscheinen ließ. Bei Rilke ist das der Beginn genau jenes Perspektivenwechsels, den wir weiter oben umrissen haben: Anstatt den Tod von dieser Seite des Lebens aus anzustarren, betrachten wir das Leben vom Tod aus.

Später wird Rilke seine Sicht noch erweitern. Aber schon jetzt bemerken wir eine erstaunliche Übereinstimmung: Die Intuition des Dichters entspricht recht genau der großen Lektion, die uns

Laozi im *Buch vom Weg und seiner Wirkung*[5] erteilt. Laozi erklärt im Kapitel 25, dass die Bewegung des WEGES kreisförmig ist:

Als aller Welten Urmutter kann es daher gelten
Da ich nicht seinen Namen kenne,
und ich es Dào, den Weg also, nenne,
bin um Namen bemüht ich, es «groß» befindend.
Groß will sagen: gleichsam entschwindend,
entschwindend meint: weithin verbindend,
weithin verbindend: zurück sich findend.

Und im Kapitel 40 lesen wir:

Rückkehr ist des Dào's Bewegen,
Nachgiebigkeit – das Dào zu pflegen.
Alle Welt ging aus dem Sein hervor,
das Sein aber wuchs aus dem Nichts empor.[6]

Später vergleicht das daoistische Denken den WEG mit einem Fluss. Bevor sich dieser ins Meer ergießt, scheint er einem unabänderlichen Lauf zu folgen, sinnlos vergeudet. In Wirklichkeit aber verdunstet während seines Dahinfließens ein Teil seines Wassers und steigt zum Himmel empor. Dort verwandelt es sich in Wolken, um dann als Regen auf die Berge niederzugehen, die daraus den Fluss an seiner Quelle speisen. Das ist das grundlegende Gesetz, nach welchem das Leben funktioniert und das die Tradition der chinesischen Dichtung und Malerei verdeutlicht hat, lange bevor in jüngster Zeit die Wissenschaft der Ökologie begründet wurde.

Ganz dem Beispiel der kreisförmigen Bewegung des WEGES folgend, der unablässig den URSPRUNG aufsucht, um sich zu erneuern, lädt Laozi jeden ein, in seinem eigenen Leben die «vorzeitige Rückkehr»[7] zu vollziehen. Das bedeutet nichts anderes als die Rückkehr zu den Wurzeln, die Rückkehr zum URSPRUNG, an dem sich die Quelle der wahren DAUER befindet. Hier denken wir unweigerlich an die folgenden Verse Rilkes:

Sei allem Abschied voran, als wäre er hinter
dir, wie der Winter, der eben geht.
Denn unter Wintern ist einer so endlos Winter,
daß, überwinternd, dein Herz überhaupt übersteht.[8]

Rilke kannte den Daoismus nicht. Als deutschsprachiger Dichter war er in erster Linie von den großen Persönlichkeiten der deutschen Dichtung geprägt: Goethe, Hölderlin, Novalis, Heine usw. Nun hatten, auf dem Höhepunkt der deutschen Romantik, sowohl Goethe als auch Hölderlin über eine leidenschaftliche Liebesbeziehung die Erfahrung des Todes gemacht. Bekanntlich hatte Goethe am Ende einer äußerst unglücklichen Liebe den *Werther* geschrieben. Nach der Lektüre dieses Buchs hatten sich viele junge Leute, die ebenso an der Liebe verzweifelt waren, das Leben genommen. Goethe selbst wurde durch das Schreiben gerettet. Sein Leben lang sollte er an die Aufforderung denken, die er damals an sich und zugleich an die Welt gerichtet hatte: «Stirb und werde!»[9] Hölderlin seinerseits hatte sich in unbedingter, aber aussichtsloser Liebe mit der verheirateten Suzette Gontard verbunden. Suzette ging daran zugrunde, er verfiel in eine Art Wahnsinn und verfasste weiterhin kurze Gedichte, die immer stiller wurden. Vorher hatte er in seinen großen Dichtungen das Streben nach dem OFFENEN zum Ausdruck gebracht. Rilke machte sich die beiden Sätze «Stirb und werde» und «Komm! ins Offene, Freund!»[10] zu eigen. Sie erlaubten ihm, seine umfassende Vorstellung von Leben und Tod noch zu erweitern.

Das OFFENE bezeichnet in Hölderlins Sicht jenen Seinszustand oder jenen unendlichen Raum, der zwar den Tod beinhaltet, aber durch das Bewusstsein des Todes weder beeinträchtigt noch verschlossen wird. Rilke findet dafür den Begriff «DOPPELBEREICH»,[11] der die beiden Seiten Leben und Tod vereint, und er lädt uns ein, unseren Platz in dessen Mitte einzunehmen, statt uns an eine der beiden Seiten zu klammern. In der ersten seiner *Duineser Elegien* heißt es:

(…) Aber Lebendige machen
alle den Fehler, daß sie zu stark unterscheiden.
Engel (sagt man) wüßten oft nicht, ob sie unter
Lebenden gehn oder Toten. Die ewige Strömung
reißt durch beide Bereiche alle Alter
immer mit sich und übertönt sie in beiden.[12]

In einem der *Sonette an Orpheus*, die in derselben Zeit wie die *Elegien* entstanden, bekräftigt er:

Nur wer die Leier schon hob
auch unter Schatten,
darf das unendliche Lob
ahnend erstatten.

Nur wer mit Toten vom Mohn
aß, von dem ihren,
wird nicht den leisesten Ton
wieder verlieren.

Mag auch die Spieglung im Teich
oft uns verschwimmen:
Wisse das Bild.

Erst in dem Doppelbereich
werden die Stimmen
ewig und mild.[13]

Im Hinblick auf das OFFENE bemerkt Rilke außerdem, dass die Menschen von den Tieren zu lernen haben. Wenn diese nämlich die Augen öffnen, sehen sie das OFFENE, und wenn sie laufen, bewegen sie sich hin zu dem reinen, unbegrenzten Raum, während die Menschen von Kindheit an dazu erzogen werden, ihr Augenmerk allein auf die greifbare Welt zu richten, die als gesichert, als sorgfältig abgeschlossen gilt. Aus dieser abgeschlossenen Welt halten wir den Schatten des Todes fern, ohne dass es uns gelingt, den Gedanken an ein Ende zu verbannen, das wir als Ruin oder Scheitern begreifen, ein Ende, dem wir uns mit jedem Tag nähern. Heißt es bei Heidegger nicht: «Sobald ein Mensch zum Leben kommt, sogleich ist er alt genug zu sterben»?[14] In Rilkes achter Elegie lesen wir:

> *Was draußen ist, wir wissens aus des Tiers*
> *Antlitz allein; denn schon das frühe Kind*
> *wenden wir um und zwingens, daß es rückwärts*
> *Gestaltung sehe, nicht das Offne, das*
> *im Tiergesicht so tief ist. Frei von Tod.*
> *Ihn sehen wir allein; das freie Tier*
> *hat seinen Untergang stets hinter sich*
> *und vor sich Gott, und wenn es geht, so gehts*
> *in Ewigkeit, so wie die Brunnen gehen.*[15]

In seinen *Sonetten an Orpheus* (I, 20) hat der Dichter an das eindrückliche Erlebnis eines Frühlingsabends in Russland erinnert, das er nie vergessen konnte: Vom Dorf herüber kam ein Schimmel, um die Nacht auf den Wiesen zu sein, im wilden Galopp, und seine Mähne schlug an den Hals im Takte seines Bluts, das in Einklang mit den kreisförmigen Wellen pulsierte, die das Universum mit Leben erfüllten. Auch diese Szene scheint uns der daoistischen Sicht verwandt zu sein. Sie erinnert uns im Übrigen an zwei berühmte Verse von Du Fu, die an ein Schlachtross von Ferghana gerichtet sind:

Wo du hingelangst, keine Grenze,
Dir würde man Tod und Leben anvertrauen!

Liebe Freunde, es nähert sich die Stunde, die die Nacht ankündigt, der Moment, an dem der Tag endet, an dem ein anderer Tag im Entstehen ist. Wir fühlen den belebenden Strom der Zeit an uns vorbeiziehen: Wir fügen uns ihm, wir lassen ihn gewähren. Akzeptieren wir also die Umkehrung unserer Haltung und damit unseres Blickwinkels. Akzeptieren wir, uns nicht nur an diese eine Seite des Lebens zu klammern, sondern unseren Platz im Zentrum des Doppelbereichs einzunehmen, wo wir über eine umfassendere Sicht unseres persönlichen Werdens innerhalb des universellen Werdens verfügen. Dort können dann auch wir, im Sinne der unaufhörlichen Bewegung des WEGES, der vom NICHTS zum GANZEN, vom NICHT-SEIN zum SEIN führt, von unserem Innersten aus der Entwicklung folgen, die vom Tod zum Leben führt – und nicht vom Leben zum Tod – in Aussicht auf die Frucht der Seele, die Schmerz und Freude, Tränen und Blut in sich aufnehmen wird.

Ich möchte hier nicht versäumen, darauf hinzuweisen, dass die Mitte des DOPPELBEREICHS der bevorzugte Raum ist, in dem Lebende und Tote in einen Dialog treten. Dabei geht es ausdrücklich nicht darum, an der Welt der Letzteren Gefallen zu finden. Der erwähnte Dialog betrifft ganz einfach Menschen, die wie wir gelebt haben, die all ihren Durst und Hunger, eine ganze Welt unerfüllter Wünsche in sich tragen und sich in einem anderen Lebenszustand befinden. Im Zentrum des DOPPELBEREICHS sind die Toten also nicht mehr, wie so oft in unseren Tagen der Fall, namenlose Sterbende, die man in irgendeinen Winkel des Krankenhauses abschiebt, dann nach ihrem Tod irgendwo im Leichenschauhaus abstellt und schließlich nach der Einäscherung in eine Aschendose schüttet – Personen also, an die man nicht allzu oft denken mag. Im Gegenteil, hier gelangt ihr Raunen bis zu uns, unendlich bewegend und leuchtend, murmelnde Laute, die aus dem Herzen hervorquellen, Worte nahe der Essenz, wie ein Destillat der großen Prüfung. Denn die Toten sind für uns ein Gewinn, wenn wir ihnen Gehör schenken: Sie haben uns viel zu sagen. Sie haben die große Prüfung hinter sich, sie sind gewissermaßen Eingeweihte. Sie sind in der Lage, das Leben noch einmal anders zu denken und zu leben, das Leben anhand der Ewigkeit zu messen. Sie können gleich Schutzengeln über uns wachen. Wenn wir nicht so undankbar sind, sie einfach zu vergessen, können sie etwas für uns tun. Ja, sie können uns auf ihre Weise beschützen. Diese Sichtweise kann uns auch helfen, den Kummer zu überwinden, wenn wir um jemanden trauern.

Wenn ich mich auf diese Weise ausdrücke, dann auch deshalb, weil ich aus einem Land komme, das jahrtausendelang den Ahnenkult gepflegt hat – selbst wenn diese Praxis heute in China langsam verschwindet. Früher wurde das Sterberegister einer Familie oder eines Dorfes im Tempel aufbewahrt. Hier waren die Namen der Vorfahren eingetragen, die man zu verehren lernte. In vielen Häusern stand ein Altar, der ihnen geweiht war. Am Tag der Toten versammelten sich mehrere Generationen um die Gräber. Jeder vollzog die symbolische Geste des Kehrens und verneigte sich vor den Gräbern. Man konnte auch vor Ort zusammen ein Mahl einnehmen, in einer Atmosphäre vertrauter und friedlicher Gemeinsamkeit.

Geduldiges, schmerzliches Menschengeschlecht! Obwohl es so weit zurückreicht, verliert es sich doch nicht im Dunkel der Zeiten, in einer Dunstwolke, es ist fassbar, es ist lebendig. Unser Eindruck, hinter uns eine Masse unzähliger, namenloser im Nebel der Vergangenheit Entschwundener zu haben, ist falsch. In Wirklichkeit zählen wir ja nur drei oder vier Generationen pro Jahrhundert, dreißig oder vierzig pro Jahrtausend. Das ist relativ wenig, weshalb uns unsere Vorfahren viel näher sind, als wir glauben. Wir haben es mit einer Weitergabe von Versprechen und Hoffnungen zu tun, die uns zur Einhaltung der Würde verpflichtet und, bis zu einem gewissen Grade, unserem Schicksal Wert und Sinn verleiht.

Die Toten nicht vergessen, heißt also in einem umfassenderen Sinn, die Dankbarkeit ihnen gegenüber lernen und durch sie die Dankbarkeit gegenüber dem Leben. Haben wir nicht, um überhaupt am Leben zu bleiben, von Kindheit an die Pflege und die Wohltaten einer ungeahnten Zahl von Personen in Anspruch genommen: von unseren Eltern natürlich, von anderen nahen Verwandten und, außerhalb der Familie, von Freunden, von Ärzten und von Unbekannten, die uns durch eine einfache Geste vor einer Gefahr bewahrt haben. Viele von ihnen sind nicht mehr unter uns. Wenn wir unsere Überlegung weiterführen, müssen wir auch öfter an all die Soldaten denken, die sich während der Verteidigungskriege geopfert haben, an all die Retter, die bei Katastrophen ihr Leben hingegeben haben, an all die Gelehrten aus verschiedenen Bereichen, die der Menschheit ein besseres und längeres Leben ermöglicht haben. Die Menschheit findet sich in jeder Person wieder, und jede Person, die für das Leben eintritt, nimmt an dem Abenteuer der Menschheit teil, das wiederum Teil eines viel größeren Abenteuers ist: des Abenteuers des lebendigen, im Werden begriffenen Universums.

Was ist das OFFENE, das für die Menschheit und jeden von uns möglich sein soll? Eine berechtigte Frage, die wir gewiss nicht endgültig beantworten können. Dennoch ist es erlaubt, darüber zu sprechen; das werden wir in unserer letzten Meditation tun.

Zusammenfassend, was wir bisher herausfinden konnten, sei Folgendes gesagt: Den Tod in unsere Sicht eingliedern, heißt, das Leben als ein Geschenk von unschätzbarer Großzügigkeit zu empfangen. «Der Tod», schreibt Pierre Teilhard de Chardin, «hat die Aufgabe, bis in unser Innerstes die ersehnte Öffnung durchzuführen.» Die Augen vor dem Tod zu verschließen und sich gegen ihn zu sperren, bedeutet im Gegenteil, das Leben zu einem kümmerlichen Sparguthaben herabzuwürdigen, dessen Veräußerung man Tag um Tag Pfennig für Pfennig abrechnet.

Hören wir zum Schluss die große Stimme von Etty Hillesum, die von den Nazis in Auschwitz vergast wurde. Zuvor, als sie bereits in Gefahr, aber noch voller Lebenskraft war, hatte sie eines Tages in ihrem Tagebuch notiert: «Wenn ich sage, ‹ich habe mit meinem Leben abgerechnet›, meine ich: die Eventualität des Todes ist in mein Leben integriert, denn dem Tod in die Augen zu sehen und ihn als Bestandteil des Lebens anzuerkennen, bedeutet, dieses Leben zu erweitern. Opfere ich hingegen schon jetzt dem Tod einen Teil dieses Lebens, aus Angst vor dem Tod und aus der Weigerung heraus, ihn zu akzeptieren, ist dies das beste Mittel, nur ein kleines Stück verstümmelten Lebens zu behalten, das kaum den Namen Leben verdient. Es erscheint paradox: Indem man den Tod von seinem Leben ausschließt, bringt man sich um ein vollständiges Leben, und indem man ihn darin aufnimmt, erweitert und bereichert man sein Leben.»[16]

Zweite Meditation

Liebe Freunde, ein weiteres Mal haben wir uns hier versammelt, weil uns ein allen gemeinsames Thema beschäftigt, der Tod, dem sich niemand entziehen kann. Beim letzten Mal schlug ich vor, die Blickrichtung umzukehren: Anstatt den Tod von unserer Seite des Lebens aus starr zu fixieren, könnten wir das Leben vom Tod her betrachten, den wir nicht als absurdes Ende begreifen, sondern als die Frucht unseres Seins. Denn in einer unbeständigen Welt voller Unwägbarkeiten haben wir nur eine absolute Gewissheit: Jeder von uns muss eines Tages sterben.

Aber heißt das, dass wir angesichts dieser Absolutheit nichts mehr zu sagen haben? Ich denke nicht, und zwar aus dem einfachen Grund, dass der Tod uns mit Blick auf das Leben nicht als etwas völlig Absolutes erscheint. Tatsächlich gäbe es den Tod nicht, wenn es das Leben nicht gäbe. Da der Tod die Aufhebung eines bestimmten Lebenszustands bedeutet, kann seine «Absolutheit» nicht aus sich selbst heraus entstanden sein: Sie kann nur durch etwas anderes, noch Absoluteres – wenn ich so sagen darf – durchgesetzt worden sein, nämlich durch das, was zum Erscheinen des Lebens geführt hat. Dieser URSPRUNG hat den Tod zu einem seiner eigenen Gesetze bestimmt, und so ist der Tod selbst zu einem Beweis für die Absolutheit des Lebens geworden. Wir können das Leben nicht denken, ohne den Tod mitzudenken, ebenso wenig wie wir den Tod denken können, ohne das Leben mitzudenken. Aber innerhalb dieses unteilbaren Binoms hat das Leben den Vorrang. Wird der Tod das letzte Wort haben? Das ist alles andere als sicher.

Halten wir schon jetzt einen Gedanken fest, um ihn später im Verlauf unserer Meditationen zu entwickeln: Die Absolutheit des Lebens bedeutet, dass es sich jedem als Geschenk anbietet und zugleich eine Forderung ist. Es impliziert eine gewisse Anzahl grundlegender Regeln, die für ein offenes Leben bürgen, und damit für die wahre Freiheit. Leben beschränkt sich nicht auf die körperliche Existenz. Leben verlangt den Menschen in seiner Gesamtheit, bestehend aus einem Körper, einem Geist und einer Seele. Leben verlangt darüber hinaus das individuelle Sein innerhalb des Abenteuers des SEINS an sich. Jeder von uns ist an andere Menschen gebunden, und wir alle sind an ein gewaltiges VERSPRECHEN gebunden, das vom URSPRUNG an die Bewegung des WEGES gewährleistet. In dieser grundlegenden Bindung, die sich auf allen Ebenen bestätigt, existiert zwischen jedem Schicksal und dem, was der Bestimmung des Universums vorausgeht, so etwas wie ein Pakt, eine Art Bündnis, das stillschweigende Verantwortlichkeiten einschließt. Das chinesische Denken hat für das, was jedem einzelnen Leben zukommt, den Begriff «Auftrag des Himmels» geprägt. Jeder ist verpflichtet, diesen Auftrag bis zum Ende auszuführen, ohne ihn künstlich abzubrechen. Gerade indem der Mensch sich den Prüfungen dieses «Endes» stellt, offenbart er sich gegenüber seiner unhintergehbaren Wahrheit, gegenüber dem unersetzlichen Teil seiner selbst. Darum wird der Selbstmord, was auch immer darüber gesagt wird, in Bezug auf das SEIN allgemein als ein Drama wahrgenommen, als eine Art Scheitern.

Das Leben hat Vorrang, sagte ich. Aber das ändert nichts daran, dass wir uns in einem Dilemma befinden. Wir Menschen auf der Erde sind in einer unerbittlichen Verkettung gefangen: Die Gewissheit zu sterben, ohne den Tag oder die Stunde zu wissen, wird uns zur Quelle aller Ungewissheiten. Trotz tausendfacher Maßnahmen, die uns beruhigen sollen, leben wir bedroht von Krankheiten, Unfällen, tödlichen Konflikten und dem Verlust geliebter Menschen. Daher unsere ständige Angst. In Anbetracht dieser Lage ist es durchaus gerechtfertigt, von einem Wunder zu sprechen, wenn wir hier zusammen sind und das seltene Glück eines wahrhaftigen Austauschs miteinander teilen.

Ich habe soeben die Wörter «Wunder» und «Glück» gebraucht. Es ist wohl nicht übertrieben, wenn wir diese beiden Vokabeln in eine Reihe stellen: Das Glück erscheint uns wie ein Wunder, weil wir ihm nicht häufig begegnen, und vor allem, weil es nicht von Dauer ist. Unser Bewusstsein vom Tod aller Dinge bewirkt, dass auch die strahlendsten Glücksmomente, in deren Genuss wir ab und an gelangen, immer von einem Schleier des Bedauerns verhangen sind. Jeder kann dieses Phänomen anhand seiner persönlichen Erinnerungen nachvollziehen. Anstatt jetzt meine eigenen zu durchforsten, begnüge ich mich damit, eine Szene zu schildern, die François Mauriac überliefert hat.

Das Mitglied der Académie Française besuchte eines Tages seinen Kollegen Maurice Genevoix, der als ständiger Sekretär der Akademie im Palais Mazarin wohnte. Die ihm in dieser Funktion zugeteilte Wohnung ging auf die Seine hinaus, so dass er sich eines der schönsten Ausblicke von Paris erfreuen durfte: In der Mitte liegt der Pont des Arts vertäut wie ein mit alten Träumen beladener Kahn. Etwas weiter rechts, der Square du Vert-Galant, der die ruhmreiche architektonische Prozession von Notre-Dame und Conciergerie anführt, während sich am gegenüberliegenden Ufer das Palais du Louvre erstreckt, dessen prächtige, rhythmische Fassade den Jahrhunderten trotzt. An diesem Frühlingsabend ließ das rosafarbene Licht des Sonnenuntergangs, vermengt mit dem Wasser des Flusses, Himmel und Erde zu einem Ganzen verschmelzen, das so lieblich und leicht war wie die hin und her fliegenden Möwen oder die in der Ferne sorglos dahinsegelnden Wolken. Die zwei Männer, beide schon in vorgerücktem Alter, standen lange da, sprachlos vor Rührung, bis Genevoix schließlich leise murmelnd hervorbrachte: «Wenn man denkt, dass wir all das zurücklassen müssen!» Ein melancholischer, einst von Mazarin geäußerter Satz, der uns daran erinnert, dass kein Glück unbegrenzt wiederholbar ist, dass jedes Glück einem Wunder gleicht. Und trotz alledem stellt die Aussicht auf Glück die helle Seite des Lebens dar. Trotz der zahlreichen Unglücke, die das Leben uns zufügt, hält es doch eine Reihe kleiner oder großer Glücksmomente für uns bereit, so dass ein positiv gestimmter Geist sich die Behauptung erlauben könnte, das Leben sei tatsächlich voller Wunder – ganz abgesehen davon, dass das Leben an sich schon eine wunderbare Erscheinung ist. Ein gewaltiges Paradox also: Das Bewusstsein des Todes, das uns quält, ist bei weitem keine rein negative Kraft, es lässt uns das Leben auch nicht als einfache Gegebenheit sehen, sondern als ein unglaubliches, heiliges Geschenk. Es erweckt in uns den Sinn für seinen Wert, indem es unsere Leben in lauter einmalige Einheiten verwandelt. Hier kommt uns die lapidare Lebensweisheit Malraux' in den Sinn: «Ein Leben ist nichts wert, aber nichts ist so viel wert wie ein Leben.»

Die Einmaligkeit eines jeden Lebens ist ein Begriff, der uns im Verständnis des menschlichen Abenteuers eine weitere Stufe erklimmen lässt. Die Einmaligkeit beschränkt sich nicht auf den menschlichen Körper, sie ist überall in der Natur zu beobachten: Kein Blatt gleicht dem anderen, kein Schmetterling sieht aus wie der andere. Beim Menschen betrifft diese Einmaligkeit auch die gesamte Arbeit des Geistes und die gesamte Offenbarung der Seele. Das Wesen jedes Menschen ist in seiner Gesamtheit einmalig und erschafft sich in Anbetracht des Todes ein einzigartiges Schicksal. «Der Tod verwandelt das Leben in Schicksal», hat ebenfalls Malraux ganz richtig gesagt. Demzufolge ist das Universum nicht bloß ein Haufen von Entitäten, die sich blind bewegen, es besteht aus einer außerordentlichen Vielfalt an Wesen, von denen jedes, getrieben vom Wunsch zu leben, einer gerichteten Bahn folgt, einer Bahn, die ausschließlich ihm eigen ist. Eine zwingende Kraft drängt uns, vorwärtszugehen. Und diese Kraft ist, wie wir wissen, nichts anderes als die unumkehrbare Zeit.

Die Zeit ist der große Organisator, der die Gesamtheit der Lebewesen in den faszinierenden Prozess des Werdens hineinzieht. Im Mittelpunkt dieses Prozesses befinden sich die Menschen, die sich als Einzige ihrer Sterblichkeit bewusst sind, in einer ganz besonderen Situation. Jeder Mensch macht sich irgendwann in seinem Leben Gedanken über die Tatsache, dass seine Einmaligkeit zugleich Privileg und Beschränkung bedeutet. Er weiß sehr wohl, dass er nicht unendlich viel Zeit hat, dass die begrenzte Zeit, die ihm zur Verfügung steht, ihn drängt, sein Leben in vollen Zügen zu genießen. Aber droht eine solche Logik nicht, die Person in einer entsetzlichen Haltung aus Stolz und Egoismus einzuschließen? Die Gefahr ist sehr real, sie ist eine Quelle des Bösen. Auf diesen Punkt werden wir in einer anderen Meditation zurückkommen. Einstweilen lassen Sie uns festhalten, was uns der gesunde Menschenverstand lehrt: Wenn ich einmalig bin, dann sind es die anderen auch, und je einmaliger sie sind, desto einmaliger bin ich selbst. Zumal meine Einmaligkeit nur über die Konfrontation oder im Zusammensein mit der Einmaligkeit der anderen zu beweisen und zu erfahren ist. Hier beginnt die Möglichkeit, «ich» und «du» zu sagen, hier beginnen Sprache und Denken – und das zeigt sich besonders eindrücklich in Liebesbeziehungen. Es existiert also über alle unvermeidlichen Gegensätze hinweg eine Art grundlegende Solidarität, die sich zwischen den Lebewesen einstellt. So wird letztendlich sogar verständlich, dass das angestrebte Glück immer aus einer Begegnung, einem Austausch, einem gemeinsamen Erleben entsteht.

Im Lichte des gerade Gesagten nimmt unsere Versammlung heute Abend eine Form an, die das Gewöhnliche hinter sich lässt. Uns alle hat das Rätsel des Todes veranlasst, hierherzukommen, denn jeder von uns trägt seine eigene Geschichte voller Träume und Suchen, voller Prüfungen und Leiden, voller Fragen und Erwartungen in sich. Jeder von uns wünscht sich, seine Erfahrungen mit denen der anderen zu konfrontieren, in der Überzeugung, dass dem Hauch der mittleren LEERE, wie die Chinesen es nennen, eine Lebenswahrheit entströmt, diesem Hauch, der durch eine wahrhaftige zwischenmenschliche Beziehung hervorgerufen wird. Und dennoch wissen wir, dass wir bei der Suche nach dieser Lebenswahrheit keine einfache, nüchtern formulierte, lehrsatzartige Antwort erwarten können, denn wir erkennen, dass nicht nur unsere Leben im Werden begriffen sind, sondern auch das Abenteuer des Lebens selbst. Tatsächlich werden wir nicht die WAHRHEIT erlangen, die man ja nicht besitzen kann, sondern es geht uns vor allem darum, wahr zu *sein*: Wenn wir wahr sind, haben wir zumindest die Möglichkeit, die WAHRHEIT zwar nicht zu besitzen, aber *in* der WAHRHEIT zu sein. Stellen wir uns jetzt einmal, ganz ohne Ansprüche und unvorbereitet, der ernsten Herausforderung, die uns erwartet. Ausgehend von unserem «gemeinsamen Zugegensein», um einen Ausdruck von René Char aufzugreifen, wollen wir uns gemeinsam auf die Suche machen.

Im Moment rede ich allein, aber schon jetzt entsteht durch das Geflecht von Blicken und Gedanken ein Austausch. Und bald wird er ganz und gar durch den Zauber des Wortes belebt werden, der uns, im Idealfall, ins Reich der Unendlichkeit zu katapultieren vermag. Ich weiß sehr wohl, welche Kraft wahre Dialoge entfalten können: der sokratische Dialog, der konfuzianische Dialog, der Dialog zwischen Abélard und Héloise, zwischen Montaigne und La Boétie, zwischen dem Menschen und der Natur, zwischen dem Menschen und der Transzendenz, zwischen Lebenden und Toten … In einem Dialog, der von Sympathie getragen wird, der von unerwarteten und unverhofften Momenten durchzogen ist, weiß der Redende nicht, was sein Gesprächspartner sagen wird. Er weiß auch nicht, was er selbst auf die Äußerungen des anderen entgegnen wird. Wir bewegen uns so Schritt für Schritt auf das Unbekannte des Geistes zu, auf den Einklang der Seelen, auf eine offene Unendlichkeit. Und wir stehen vor einem weiteren Wunder: Zwischen den von der Endlichkeit geprägten Menschen entflammt eine Freude, die der Unendlichkeit eigen ist. Und wir spüren vage, dass die gerade erwähnte Lebenswahrheit sich in diesem endlosen Hin und Her verbergen muss.

Endlos? Schon flüstert uns die Stimme des SPÖTTERS ins Ohr: «Aber ich bitte Sie, *alles* hat ein Ende!» Selbst wir müssen nicht davon überzeugt werden, dass wir schon sehr bald nicht mehr zusammen sein werden, um diese Erfahrung der Unendlichkeit fortzusetzen. Es bleibt uns also nur noch, in das allgemeine Wehklagen einzustimmen: «Eitelkeit der Eitelkeiten, alles ist Eitelkeit» (Prediger 1), «Gehn wir, gehn wir vorüber, denn alles geht vorüber» (Apollinaire)[17] ... Es sei denn, ein plötzliches Aufbegehren der Würde erfasste uns. Ein Aufbegehren, das laut und deutlich unser Zugegensein hier und jetzt verkündet. Denn eine Tatsache ist weder zu leugnen noch zu ändern: Nichts kann mehr bewirken, dass wir nicht hier sind. Gewiss, alles zerrinnt uns zwischen den Fingern. Gewiss, wir können nichts festhalten. Und doch liegt eine einzige Sache in unserer Hand, eine immerhin nicht ganz unbedeutende: der Augenblick. Der Augenblick echten Lebens wie in diesem Moment. Dessen sind wir genauso sicher wie unseres Todes, der irgendwann kommt. Neben der Gewissheit des Todes gibt es in uns diese Gewissheit, dass wir den Augenblick des Lebens beherrschen.

Der Augenblick ist nicht gleichbedeutend mit

Gegenwart: Die Gegenwart ist nur ein gewöhnliches Bindeglied in der chronologischen Ordnung. Der Augenblick hingegen stellt einen herausragenden Moment im Verlauf unserer Existenz dar, eine hohe Welle über dem Treiben der Zeit. Blitzartig kristallisiert der Augenblick im Innern unseres Bewusstseins die Erlebnisse der Vergangenheit und die Träume der Zukunft zu einer aus dem namenlosen Meer aufgetauchten Insel, die plötzlich von einem grellen Lichtkegel erhellt wird. Der Augenblick ist eine Instanz des Seins, in der unsere unaufhörliche Suche plötzlich einen Widerhall findet, in der sich mit einem Mal alles hinzugeben scheint, ein für alle Mal. Eine solche außergewöhnliche Erfahrung bezeichnet der paradoxale Ausdruck «Ewigkeitsaugenblick». Etwa bei Friedrich Nietzsche, den der Dichter Jean Mambrino in *L'Hespérie, pays du soir* zitiert: «Gesetzt, wir sagen Ja zu einem einzigen Augenblick, so haben wir damit nicht nur zu uns selbst, sondern zu allem Dasein Ja gesagt. Denn es steht nichts für sich, weder in uns selbst noch in den Dingen: und wenn nur ein einziges Mal unsre Seele wie eine Saite vor Glück gezittert und getönt hat, so waren alle Ewigkeiten nöthig, um dies Eine Geschehen zu bedingen – und alle Ewigkeit war in diesem einzigen Augenblick unseres Jasagens gutgeheißen, erlöst, gerechtfertigt und bejaht.»[18] Wir spüren vage, aber zutiefst überzeugt, dass der Augenblick, wie er hier gerade geschildert wurde, durch die darin anklingende Fülle dem ähnelt, was die Ewigkeit sein muss.

Als ich in der vorangegangenen Meditation flüchtig auf die Ewigkeit zu sprechen kam, gab ich zu, dass tatsächlich niemand fähig ist, sich vorzustellen, wie sie beschaffen ist. Dennoch glaube ich, vorsichtig benennen zu können, was sie nicht ist. Da es sich um eine Ewigkeit *des Lebens* handelt, ist sie alles andere als eine endlose, monotone Wiederholung des Gleichen. Sie muss eine großartige Folge herausragender Momente sein, die von immer neuen Hinwendungen zum Leben angeregt werden. Kurz, sie besteht auch aus einmaligen Augenblicken. Und so reihen sich die einmaligen Augenblicke, wie wir sie in diesem Leben erfahren können – ein Fluss aus Diamanten oder eine Kette aus Sternen, miteinander verbunden im Gedächtnis –, zu einer Zeitdauer, die schon etwas von Ewigkeit hat. Hier ertönt in uns der spontane Gesang Rimbauds, den wir uns zu eigen gemacht haben:

Sie ist wiedergefunden.
Was? Die Ewigkeit,
Das Meer gegangen
Mit der Sonne.[19]

Intuitiv hat Rimbaud erfasst, dass die Ewigkeit im Augenblick zu finden ist, im Augenblick gelebt wird, in einem Augenblick der Begegnung, in dem die

Hinwendung zum Leben und das Versprechen des Lebens zusammentreffen.

«Aber was ist denn die Hinwendung zum Leben? Und vor allem, *woraus* könnte sie in uns entstehen?», fragen sich so viele verlorene, entmutigte Menschen, die nicht mehr wissen, woher sie die Kraft für diese Hinwendung nehmen sollen. Auf diese Frage gibt es keine befriedigende Antwort, aber ich möchte trotz allem eine Antwort wagen: *aus dem Nichts heraus*.

Hier müssen wir kurz innehalten, um dieses Paradox zu erläutern, dieses gerade erwähnte «Nichts», das auf keinen Fall mit dem «nicht Seienden» verwechselt werden darf. Das NICHTS enthält das Versprechen des GANZEN und bezeichnet das NICHT-SEIN, wobei dieses NICHT-SEIN nichts anderes ist als das, wodurch das SEIN erscheint. Der Begriff des NICHT-SEINS ist notwendig, denn nur von ihm aus kann man das SEIN wirklich begreifen.

Um den ursprünglichen Zustand des Dao zu beschreiben, gebraucht Laozi die Begriffe *Xu,* die «LEERE», oder *Wu,* das «NICHTS». Letzteres kann richtiger übersetzt werden mit «Es gibt nicht» oder «Es ist nicht». Zhuangzi (4. Jahrhundert v. Chr.), der große daoistische Denker, teilt diese Sicht. Er sagt: «Das, was alle Dinge hervorbringt, kann nicht ein Ding sein», «es ist jenseits der Wesen, unsichtbar und ohne Gestalt, das *Wu*». Sowohl das *Xu* als auch das *Wu* besitzen einen dynamischen Aspekt, insofern als sie an den Begriff des *Qi*, des «HAUCHS», gebunden sind. Um uns davon zu überzeugen, genügt es, diese berühmte Passage im Kapitel 42 des *Buchs vom Weg und seiner Wirkung* zu lesen:

Dao erzeugt das Eine,
das Eine erzeugt das Zweifache,
das Zweifache erzeugt das Dreifache,
das Dreifache erzeugt die zehntausend Dinge.
Die zehntausend Dinge stützen sich auf Yin
und tragen Yang in sich.
Die mittlere Leere bringt beide in Harmonie.[20]

Diese Passage ist folgendermaßen zu verstehen: Dem ursprünglichen Dao, das als die höchste LEERE gilt, entströmt das EINE – UR-HAUCH oder Yuan-Qi –, das seinerseits die beiden komplementären Yin-Qi und Yang-Qi hervorbringt. Diese beiden bringen durch ihre unaufhörliche Interaktion alle Wesen hervor, die ihrerseits untereinander Harmonie herzustellen vermögen dank dem dritten Qi, der MITTLEREN LEERE. Wie man sieht, wird in dieser Lesart die Kraft des NICHTS, der LEERE betont, aufgrund der Tatsache, dass die LEERE die Ursache des WEGES ist, abgesehen davon, dass sie die Bedingung für die

Harmonie in der Bewegung des WEGES ist. Sich auf die LEERE stützen heißt, in die Richtung des WEGES gehen, der unablässig von der LEERE zur FÜLLE führt und zurückkehrt zur LEERE, wo der UR-HAUCH sich erneuert. Der ungehinderte Fluss des WEGES, der alle Lebenden verbindet, hat diesen Preis. Alle, die diese Sicht teilen – die Anhänger des Dao oder des Chan (Zen) –, vollziehen also ganz unmittelbar diese Bewegung mit und erleben eine grundlegende Wahrheit: Zu sein bedeutet nicht einfach, dem Dahinfließen einer Existenz zu folgen; vielmehr bedeutet es, ständig präsent zu sein, ausgehend vom Nicht-Sein. Im Idealfall erleben sie auf diese Weise eine Art «Tod des Selbst», eines engen und geschlossenen Selbst, und gelangen zu einer freieren, offeneren Lebensform. Und sollten sie Kalligraphie oder Taiji praktizieren, werden sie nicht daran zweifeln, dass der Lebenshauch, der sie beseelt, der mit dem Pinselstrich der leeren Seite entsteigt oder mit der Geste der reinen Luft entströmt, derselbe ist wie der, der seit dem BEGINN die Gestirne bewegt.

Es wäre falsch zu glauben, dass diese große Vision sich auf die chinesische oder östliche Zivilisation beschränke und dass sie nirgends sonst einen Widerhall gefunden habe. Eine andere Suche nach der LEERE finden wir zum Beispiel in der jüdisch-christlichen Tradition. Gewiss, der Kontext ist ein anderer, weil hier direkt auf Gott Bezug genommen wird.

Dennoch haben beide Traditionen einen Gedanken miteinander gemein, den Gedanken des Sich-selbst-Sterbens, des Sich-Leerens, um erfüllt zu werden – hier mit der Anwesenheit Gottes, dort mit dem UR-HAUCH. In der westlichen Welt gibt es durchaus eine Denkrichtung, die das NICHTS, die LEERE gedacht hat, besonders offenkundig in der Tradition, die mit Meister Eckhart begann und von Heinrich Seuse, Johannes Tauler, Angelus Silesius, Jakob Böhme und anderenorts von Juan de la Cruz fortgeführt wurde ... Für Meister Eckhart und seine Nachfolger ist die LEERE, das NICHTS die eigentliche Haltung Gottes, in dem Sinne, dass Gott die Position des Nicht-Seins innehat und gleichzeitig ununterbrochen präsent ist. Sein, wirklich sein, heißt niemals, sich als etwas einfach «Seiendes», bereits Gegebenes zu verstehen, es bedeutet immer eine Hinwendung zu einem Seinszustand. Der SCHÖPFER verhält sich so, und die Geschöpfe ebenfalls. Diese Sichtweise ist alles andere als negativ, sie ist äußerst dynamisch und entspricht ganz der an Moses gerichteten Offenbarung Gottes: «Ich werde sein, der ich sein werde.»[21] Die Wahrheit der LEERE, des NICHTS, ist also kein Produkt der reinen abstrakten Spekulation. Ihren unbestreitbaren Wert bezeugen alle Weisen sämtlicher Traditionen durch ihr Leben.

Wir sind jetzt in der Lage, die lebenswichtigen Bedürfnisse oder unbändigen Wünsche, die das Bewusstsein des Todes in uns weckt, konkreter zu erfassen. Ohne Anspruch auf Vollständigkeit wollen wir drei wesentliche festhalten, den Wunsch nach Verwirklichung, den Wunsch nach Überschreitung und den Wunsch nach Transzendenz.

Zuerst der Wunsch nach Verwirklichung.

Der Gedanke, dass das Leben endlich ist und nicht aufgeschoben werden kann, fordert uns auf, «uns zu verwirklichen»: uns nicht mehr einzufügen in eine *Lebensbahn*, die wir als unsere unausweichliche Bedingung ertragen, sondern ein *Lebensprojekt* zu entwerfen. Anders gesagt, uns in das Leben hineinzuwerfen durch eine kreative Beschäftigung, die uns eine Aussicht auf Verwirklichung eröffnet. Dabei kennen wir sehr wohl die traurige Realität: Ein Großteil der Menschen ist jeder Möglichkeit beraubt, sich seine Beschäftigung auszusuchen, und nimmt eine Arbeit mit dem einzigen Ziel an, «sich sein Leben zu verdienen», eine Situation, die alle möglichen Arten von Leid und Unrecht erzeugt. Denn auf diese Weise wird der Mensch auf seine technische Nützlichkeit reduziert, was für ihn einer Verstümmelung gleichkommt. Er hat das natürliche Bedürfnis zu *tun*, aber nicht nur auf der Ebene einer materiellen und unmittelbar gesellschaftlich nutzbaren Produktion, sondern vor allem in einer Dimension, die die Griechen *poïein* nannten, also «tun» im Sinne von *poïesis*, «Erschaffen». Mit diesem kreativen «Tun», mit der Arbeit im Hinblick auf Verwirklichung, verleiht der Mensch seinem Leben einen Sinn und wird zum «Poeten» seines Lebens. Das ist seine Bestimmung, dazu ist er berufen.

Das französische Wort «sens» lässt sich in drei Bedeutungen auffächern: «Empfindung», «Richtung» und «Sinn». Zu einem einsilbigen Wort verschmolzen, von der Dichte eines Edelsteins, geben diese drei Bedeutungen gewissermaßen die drei wesentlichen Stufen unserer Existenz innerhalb des lebendigen Universums wieder. Zwischen Himmel und Erde nimmt der Mensch, getrieben von der Dringlichkeit zu leben, die Welt, die sich ihm darbietet, mit all seinen *Sinnen wahr*. Angezogen von den erhebendsten, glänzendsten Erscheinungen – von der Schönheit der Welt, die uns in der folgenden Meditation beschäftigen wird – schreitet er in eine Richtung voran: Das ist der Beginn seiner bewussten Wahrnehmung des WEGES. Auf diesem scheinen alle lebenden Dinge, die unaufhaltsam in eine *Richtung* wachsen, wie ein Baum, der sich von seinen Wurzeln aus zur vollen Entfaltung seiner Präsenz in der Welt erhebt, eine Absicht, eine Orientierung, ein Bedürfnis nach Teilnahme auszudrücken, die den Mikrokosmos mit dem Makrokosmos verbinden. Daher auch der quälende Reiz, den Bedeutung auf den

Menschen ausübt, denn sie ist der *Sinn* seiner Verwirklichung. Anders gesagt, der Mensch verwirklicht und verwirklicht sich selbst, um sich zu bedeuten. Indem er sich bedeutet, gibt er seinem Leben Sinn, und das in einem solchen Maße, dass er sich des Lebens am vollkommensten in Froh-Sinn erfreut.

Das Bewusstsein des Todes lädt uns auch ein, ein anderes Grundbedürfnis zu befriedigen: das Bedürfnis uns selbst zu überschreiten, das mit dem Wunsch nach Verwirklichung zusammenhängt, sich aber begeisternder und radikaler äußert.

Je nachdem, ob man «an den HIMMEL glaubt» oder «nicht daran glaubt», zeigt sich der Tod den einen als eine unüberwindliche Grenze, die die Bedingung des Menschseins festlegt, und anderen als eine Möglichkeit der Verwandlung. In beiden Fällen verfolgt er den menschlichen Geist, lässt ihn nicht zur Ruhe kommen und weckt in uns das Bedürfnis nach Überschreitung. Der Tod regt uns zu einem Streben an, zumindest unsere gewöhnliche Verfasstheit hinter uns zu lassen, und dieses Streben hat einen Namen: Leidenschaft. Leidenschaft für das Abenteuer, Leidenschaft für das Heldentum, Leidenschaft für die Liebe und viele andere Leidenschaften von geringerer Tragweite. Die drei genannten gelten als die achtenswertesten, insofern als derjenige, der sich auf sie einlässt, sein Leben aufs Spiel setzt: Die Prüfung auf Leben und Tod ist dabei ein unvermeidliches Risiko und gerät zum Beweis menschlicher Größe.

Apropos «Abenteuer», ich denke hier nicht an Personen, die sich in obskure Geschäfte stürzen. Ich denke vor allem an die Entdecker, die großen Seefahrer, die großen Flieger, die unerschrockenen Bergsteiger, die ihr Leben aufs Spiel setzen, wenn sie sich unter extremen Bedingungen in unbekannte Gegenden vorwagen. Eine befreundete, unendlich bewundernswerte und fesselnde Persönlichkeit kommt mir dabei in den Sinn, die große Bergsteigerin Chantal Mauduit. Sie hatte bereits sechs Achttausender-Gipfel bezwungen, darunter die schwierigsten des Himalaya. Als sie 1996 nach ihrer sechsten Gipfelbesteigung nach Paris zurückkehrte, berichtete sie im Fernsehen über ihre Expedition unter anderem, dass sie auf dem Gipfel, allein zwischen Himmel und Erde, sich selbst gefilmt habe, während sie drei Verse eines Gedichts von André Velter rezitierte, die sie zu ihrem Glaubensbekenntnis gemacht hatte. Zufällig saß der Dichter in diesem Moment vor dem Fernseher. Man kann sich vorstellen, wie tief berührt er war, als er diesen außerordentlichen, ihm unbekannten Menschen seine eigenen Verse rezitieren sah und hörte:

Der Raum ist ein Rächer
an ihn denkst du
wenn du dem Galopp deines Herzens folgst.

Am folgenden Tag traf sich André mit Chantal, die ihm eine Nachricht im Haus des Rundfunks hinterlassen hatte. Sofort verband diese beiden großen Lebensbegeisterten eine außerordentliche Leidenschaft. Knapp zwei Jahre später, 1998, hörte Chantal erneut den Ruf der Berge. Für die Alpinistin gibt es keinen Unterschied zwischen ihrer sinnlichen Beziehung zum Körper des Geliebten und ihrer Beziehung zum Gebirge, sie sind eng miteinander verbunden. Und da ist sie also, auf halber Höhe des siebten Berges, den sie bezwingen will. Am Vortag der letzten Etappe geht eine Lawine nieder. Sie wird (zusammen mit ihrem Sherpa) in der ursprünglichen Reinheit begraben, wie sie es sich wohl schon viele Male vorgestellt hatte, ohne es zu wünschen, aber auch ohne es zu fürchten. Das jäh aufscheinende und verlöschende Leben von Chantal Mauduit zeigt uns die Größe der Leidenschaft fürs Abenteuer.

Was das Heldentum anbetrifft, so liefert uns die Geschichte zahlreiche Beispiele. In Europa erinnern wir uns natürlich an all jene, die ihr Leben opferten, um den Kontinent von der furchtbaren Herrschaft des Nazismus zu befreien. Eine endlose Liste von Namen wäre hier zu nennen, junge Leute, die zu

Tausenden an den Stränden der Normandie fielen oder in den Résistance-Gruppen im Vercors, bis hin zu Pater Maximilian Kolbe, jenem polnischen Franziskaner-Minoriten, der freiwillig anstelle eines Familienvaters eine tödliche Kollektivstrafe im Vernichtungslager Auschwitz auf sich nahm. Diese Helden, die mit einer Waffe in der Hand oder mit extremen Gesten der Solidarität kämpften, stellten sich dem Tod im Namen des Lebens, im Namen der menschlichen Würde, die die Nazis vernichten wollten. Aber ich möchte hier an eine andere Szene erinnern, an eine dramatische Szene, die das kollektive Gedächtnis der Chinesen bis heute heimsucht.

Sie findet in den dreißiger Jahren statt: Während des Langen Marsches gelangten die von der nationalistischen Armee Chiang Kai-Sheks verfolgten kommunistischen Truppen, oder zumindest das, was von ihnen nach zahlreichen Niederlagen übrig geblieben war, an die Luding-Brücke, eine lange, schmale Kettenbrücke, die in beträchtlicher Höhe über die tosenden Wasser des Dadu-Flusses führt. Der tief zwischen Bergen eingeschlossene Ort ist eine regelrechte Falle. Und so plante die Führung der Nationalarmee eine Umzingelung, um die Kommunisten endgültig zu besiegen. Nicht ganz ein Jahrhundert zuvor war an demselben Ort unter dem Mandschu-Regime eine Rebellenarmee vernichtet worden. Die Soldaten der Roten Armee mussten also die Brücke so schnell wie möglich überqueren, um nicht das gleiche Schicksal zu erleiden. Aber auf der anderen Seite erwartete sie der Feind mit Maschinengewehren und kleineren Geschützen. Zhu De, der Befehlshaber, wandte sich an seine Truppe: «Gibt es Freiwillige, die bereit sind, die Brücke als Erste zu überqueren?» Sofort meldeten sich etwa hundert tapfere Soldaten. Mit Handgranaten ausgerüstet rennen sie im Gänsemarsch über die Ketten auf das andere Ufer zu. Und auf halber Strecke fallen sie im Kugelhagel, umgeben vom Tosen der Fluten, einer nach dem anderen oder scharenweise, Striche in der Luft in ihrem senkrechten Sturz, bevor sie in dem von ihrem Blut rot gefärbten Strom untergehen. Schließlich gelingt es einigen, auf unerklärliche Weise, das andere Ufer zu erreichen und ihre Granaten zu entsichern. Ihre Aktion schwächt das feindliche Feuer und ermöglicht es ihren Kameraden, den Angriff weiterzuführen. Wir können heute annehmen, dass ohne die Aktion dieser Freiwilligen die Geschichte des modernen China einen anderen Verlauf genommen hätte. Das anschließend von eben dieser Roten Armee eingesetzte Regime hat mehrere besonders mörderische Perioden hervorgebracht, und dennoch bewahrt das Opfer der Soldaten auf der Luding-Brücke, das die Mehrheit ihrer Kameraden vor der Katastrophe gerettet hat, seine ganze Größe. Und als ein anderes Beispiel von Größe, diesmal im gewaltfreien Widerstand, wollen wir nicht die heroische Figur jenes jungen Mannes auf dem Platz des Himmlischen Friedens vergessen, der sich während der Ereignisse von 1989 ganz allein einer Kolonne von Panzern entgegenstellte.

Im Fall der Leidenschaften für Abenteuer und Heldentum steht ganz offensichtlich das Leben selbst auf dem Spiel, aber, so werden Sie einwenden, was ist mit der Leidenschaft für eine Liebe, die auf den ersten Blick keinerlei Konfrontation mit dem Tod zu erfordern scheint? Ich möchte hier nur daran erinnern, dass die verschiedenen Zivilisationen die beiden Grundleidenschaften des Menschen, *Eros* und *Thanatos*, nicht erst seit der Psychoanalyse benannt haben, und zugleich ausdrücklich auf die verborgenen Zusammenhänge hinweisen, die zwischen ihnen bestehen. In der westlichen Welt hat schon die griechische Antike dieses Thema in ihren Mythen und Tragödien ausführlich entwickelt. Bei den Römern war es Ovid, der die möglichen Folgen einer Liebesleidenschaft feinsinnig mit den Worten erfasste: «Dann muss ich lieben, dann hass ich vergebens das, was ich lieben / muss, dann wollt' ich, ich wär tot, doch zusammen mit dir.»[22]

Ovid lebte zur Zeit der Passion Christi. Seither hat das Christentum entscheidende Erkenntnisse zu unserem Verständnis des Mysteriums der Liebe beigetragen. Es ist nicht meine Absicht, uns ausgiebig in die Komplexität dieser Problematik zu vertiefen, lassen Sie uns einfach den Prozess betrachten, durch den das Bewusstsein des Todes über die Erfahrung der LIEBE, im umfassendsten Sinne des Wortes, uns die drei Dimensionen entdecken lässt, aus denen sich unser Sein zusammensetzt. Tatsächlich kennen wir diesen Prozess von jeher, lassen Sie ihn uns kurz beschreiben.

Der *Eros* besitzt die magische Kraft, zwei ineinander verliebte Menschen einander näherzubringen. In der gemeinsamen Liebe suchen sie die Befriedigung ihres körperlichen Begehrens. Wenn sie sich nur an die Dimension des Körperlichen halten, werden sie auf lange Sicht in eine ausweglose Falle geraten. Indem sie sinnliche Akte in einer endlosen Kette aneinanderreihen, die jedes Mal eine unmittelbar von einem Sturz gefolgte Erregung bewirken (ist das deutlichste Zeichen dafür nicht die Tatsache, dass wir den Geschlechtsakt auch den «kleinen Tod» nennen?), ketten sie sich selbst an ein in sich geschlossenes Spiel, in dem der andere zunehmend verdinglicht wird. Die Befriedigung wird zu einer entkräftenden Knechtung, die bestenfalls zu Lustlosigkeit, schlimmstenfalls in eine Spirale des Hasses führt, die in einem tödlichen Drama der Leidenschaft enden kann. Wenn hingegen die beiden durch den *Eros* verbundenen Menschen ihren Horizont erweitern, indem sie das Beste ihrer selbst einbringen, werden sie am

Ende einer inneren Arbeit der Überschreitung andere Dimensionen ihres Seins entdecken, indem sie bis zum innersten, ursprünglichsten und unersetzlichsten Teil jedes Menschen vordringen, den man als «Seele» bezeichnet und der die Quelle alles Begehrens ist.

Wenn die körperliche Nähe um eine seelische Verbundenheit bereichert wird, erfährt die Liebe einen qualitativen Wandel und erweckt in jedem Achtung und Dankbarkeit gegenüber dem anderen. «In der wahren Liebe», schreibt Stendhal, «umhüllen die Seelen die Körper.»[23] Und Michelangelo sagte in einem seiner Sonette zu dem geliebten Menschen: «Ich muss an dir lieben, woran du selbst innig hängst, nämlich deine Seele.» Was sowohl das Christentum als auch der Platonismus die *Agape* genannt haben, die sich unter anderem in Form der höfischen Liebe geäußert hat, ersetzt hier letztendlich die Begierde, den Willen, den anderen in der Lust zu besitzen, durch eine tiefere, offenere Gemeinsamkeit. In ihrem erhabensten Zustand entzieht sich die Seele dann dem Zwang des Körpers wie auch dem Zwang von Raum und Zeit, im Einklang mit der Seele des lebendigen Universums.

Tatsächlich besitzt das Paar *Eros-Agape* eine kosmische oder übernatürliche Dimension. In China wird der Geschlechtsakt mit dem Begriff «Wolke-Regen» bezeichnet. Dieser Begriff hat seinen Ursprung in der Sage von der sexuellen Beziehung, die der König Xiang von Chu mit der Göttin vom Berg Wu unterhielt. Seitdem gilt der Geschlechtsakt als ein Phänomen, das in engem Einklang mit der Natur steht. In der erotischen Malerei zum Beispiel wird eine wilde Kampfszene körperlicher Lust vorzugsweise nicht in einem geschlossenen Raum, sondern in einem Gemach mit einem Fenster dargestellt, das sich auf eine Außenwelt öffnet, in der blühende Zweige und zwitschernde Vögel zu sehen sind, von einer Frühlingsbrise umschmeichelt oder in helles Mondlicht getaucht. Wird ein geschlossener Raum gezeigt, so findet sich darin zumindest ein Paravent mit Landschaftsmotiven. Das erinnert mich an den feinsinnigen Satz von Proust: «Die Liebe ist Raum und Zeit, dem Herzen fühlbar gemacht.»

In allen Kulturen verbindet das Paar *Eros-Agape* das Menschliche mit dem Göttlichen. Die daraus erwachsende Ekstase wird oft mit der mystischen Ekstase gleichgesetzt – eines ihrer schönsten Beispiele ist natürlich das Hohelied. Doch der Mensch, angesichts des Göttlichen den Mangel seiner Sterblichkeit ermessend, sucht diese zu überwinden durch eine bleibende Liebe, der der Tod nichts anhaben kann. Der Tod, dieser ewige Spielverderber der Liebe, wird damit zum eigentlichen Prüfstein für die Wahrhaftigkeit der Liebe: Die Liebe muss «so stark wie der Tod» sein, wie es im Hohelied heißt, fähig, ihm zu trotzen und ihn durchzustehen, um als wahrhaftig gelten zu können. Auch hier hat jede Kultur ihre eigenen Figuren, die dieses Durchstehen versinnbildlichen, wie etwa Tristan und Isolde. Die Liebenden der bleibenden Liebe wissen um ihre Endlichkeit und sind sich doch sicher, dass jenseits ihrer Personen ihre Liebe niemals enden wird. Dieses ergreifende Verständnis vom Geheimnis der Liebe hat der Philosoph Gabriel Marcel so ausgedrückt: «Einen Menschen lieben, bedeutet, zu jemandem sagen: ‹Du wirst nicht sterben›.»

Der dritte und letzte grundlegende Wunsch, den das Bewusstsein des Todes uns einlädt zu verwirklichen: unser Hang zur Transzendenz. Ich werde diesen Punkt jetzt nur kurz behandeln, um in der letzten Meditation darauf zurückzukommen.

Ich schließe mich Chateaubriand an, der darauf hinweist, dass «die Moral durch den Tod ins Leben Eingang gefunden hat.» Wie Simone Weil bin ich davon überzeugt, dass wir ohne die Prüfung durch Leid und Tod nicht auf den Gedanken an Gott, ja nicht einmal auf den Gedanken an irgendeine Art von Transzendenz gekommen wären. Dennoch sei hier angemerkt, dass nicht der Tod als solcher direkt auf uns einwirkt, sondern unser Bewusstsein des Todes. In Wahrheit hat der Tod an sich keinerlei Macht, er ist nur die Aufhebung eines bestimmten Lebenszustands. Wenn der von Hoffnung getragene Mensch gleich dem Apostel Paulus ausruft: «Tod, wo ist dein Sieg, wo ist dein Stachel?»,[24] so wissen wir, dass dieser Schrei nur von den Lebenden gehört werden kann, der Tod wird ihn niemals vernehmen. Wie wir gesehen haben, scheint der Tod gebieterisch über die Welt zu herrschen, aber seine Macht kann ihm nur zuvor von jener Absolutheit eines Lebens verliehen worden sein, das den körperlichen Tod erfordert, um Leben zu sein. Das Leben gehört uns nicht, wir gehören ihm. Es ist transzendent aus dem einfachen Grund, weil es, obwohl es in unserem Innersten pulsiert, unendlich über uns und jenseits von uns ist. Wir müssen anerkennen, dass es eine heilige Ordnung des LEBENS gibt, aus der das lebendige Universum hervorgegangen ist, und dass der Mensch, vom Bösen heimgesucht, weder der Maßstab des Universums noch der seiner selbst sein kann. Da er ein geistiges Lebewesen geworden ist, befindet er sich im Werden, und so kann man sagen: Der Mensch weist über den Menschen hinaus. Platon hat sehr wohl verstanden, dass allein die göttliche Dimension, die das absolute GUTE voraussetzt, dem Menschen erlaubt, sich zu vervollkommnen, vorausgesetzt natürlich, dass der Mensch sich keine Göttlichkeit anmaßt. Nichts ist gefährlicher als ein relativistischer Humanismus, der den Maßstab des Menschseins diesseits des Menschen festmacht. Damit wird jedem Missbrauch Tür und Tor geöffnet. Der heiligen Ordnung des Lebens können wir uns einfach nur rückhaltlos anvertrauen. Und das dürfen wir getrost tun, denn die Erfahrung zeigt uns, dass der HAUCH, der das LEBEN erscheinen ließ, uns noch nie getäuscht hat und auch nie täuschen wird. Im Übrigen sind unsere wahren Bindungen zu anderen Menschen – Bindungen der Freundschaft oder der Liebe, die ja ebenfalls auf einem unerschütterlichen Vertrauen gründen – nur möglich im Licht dieser Transzendenz.

In China ist seit dem Altertum ein kurzer Satz bekannt, den die Chinesen von Generation zu Generation weitergeben, ein Satz, der seinen Ursprung im Buch der Wandlungen hat, dem Yi Jing, dem ersten Werk des chinesischen Denkens, das tausend Jahre vor unserer Zeitrechnung verfasst wurde und auf das sich sowohl der Daoismus als auch der Konfuzianismus beziehen. Die Formulierung setzt sich aus vier Schriftzeichen zusammen, die so durchdringend klingen wie Zimbelschläge: *sheng-sheng-bu-xi*,[25] was bedeutet: «Das Leben erzeugt das Leben, ohne Ende.» Diese Maxime hat es dem Volk ermöglicht, alle tödlichen Konflikte und alle Katastrophen zu überleben.

Der Mensch, dieses winzige, inmitten des Universums verlorene Wesen, verdient große Anerkennung. Allem zum Trotz hat er die Fackel des Lebens immer fest in der Hand gehalten und tut es auch weiterhin. Wenn er ins Leben eintritt, muss er sich den Prüfungen stellen, die ihn in allen Bereichen seiner Umgebung und seines eigenen Wesens erwarten, seien sie biologischer oder psychischer, ethischer oder geistiger Natur. Unter diesen Prüfungen ist der Tod die größte, und so erlebt der Mensch Schmerzen und Leid. Darin liegt eine unleugbare Größe. Doch jenseits der Prüfungen werden ihm auch Freuden zuteil, körperliche wie geistige, gekrönt von einem großen Geheimnis, dem der Liebe. Ohne die Liebe kann keine Freude voll und ganz ausgekostet werden. Die Liebe, die den ganzen Menschen fordert, bezieht alles mit ein: den Körper, den Geist und die Seele.

In Zusammenhang mit dieser Triade Körper-Seele-Geist möchte ich hier die beiden letzteren Begriffe näher erläutern, deren Gebrauch oft unklar bleibt. Sie werden heutzutage oft miteinander gleichgesetzt, und das meistens auf Kosten des spezifischen Charakters der Seele, deren Existenz häufig sogar in Frage gestellt wird. Obwohl das Wort in der Sprache durchaus noch lebendig und präsent ist («eine treue Seele», «ein Instrument ohne Seele spielen», «jemandem aus der Seele sprechen», die «verwandte Seele» usw.), begnügen sich viele mit dem Zweigespann

Körper-Geist, um die Grundbestandteile des Menschen zu bezeichnen.

Dennoch existiert in der westlichen Welt, wie auch in vielen anderen Zivilisationen, eine uralte Tradition, die in jedem menschlichen Wesen etwas erkannt hat, das der Geist allein nicht abzudecken vermag, etwas, das als sein Innerstes, Verborgenes jedem Menschen eigen ist. Es umfasst seine erstaunliche Fähigkeit zu fühlen und Anteil zu nehmen, aber auch sein Unbewusstes, das sich nie vollständig erhellen lässt. Etwas Unteilbares, das im Allerinnersten seines Wesens das Zeichen seiner Einmaligkeit darstellt. Diese Idee, die von jeher in der abendländischen Tradition präsent ist, aber in unserer heutigen Zeit zu verschwinden droht, ist Ausdruck des instinktiven Bestrebens, den Dualismus des Begriffspaars Körper-Geist zu überwinden durch die Einführung eines dritten Elements, das es dem Menschen ermöglicht, sich ungehindert mit der Seele des Universums zu verbinden.

Diesem Bestreben würde das chinesische Denken durchaus zustimmen, denn es zeigte schon immer eine Vorliebe für eine dreigliedrige Herangehensweise, um die Zusammensetzung und das Funktionieren des menschlichen Lebens zu formulieren. Wir erinnern uns, dass der Daoismus, der auf der Idee des HAUCHS beruht, die Wechselwirkung zwischen dem Yin, dem Yang und der mittleren LEERE betont, während der Konfuzianismus sich auf die gegenseitige Abhängigkeit von HIMMEL, ERDE und MENSCH gründet. Daher besteht der chinesischen Tradition zufolge jeder Mensch aus drei Komponenten, dem *jing* («Sperma»), dem *qi* («Hauch») und dem *shen* («göttlichen Geist»). Obwohl es keine exakte begriffliche Entsprechung gibt, kann man in etwa das *jing* dem Körper, das *qi* dem Geist und das *shen* der Seele zuordnen.

Zwischen Seele und Geist entsteht eine komplementäre bzw. dialektische Beziehung. Während die Seele etwas zutiefst Persönliches ist, besitzt der Geist eine allgemeinere, kollektivere Seite, er ermöglicht die Sprache und das Denken. Der Geist spielt eine zentrale Rolle: Er trägt dazu bei, das Individuum zu formen und es im Innern des sozialen Netzes zu verankern. Die Seele ist ein wesentlicher Teil jedes Menschen, denn sie stellt seinen innersten und manchmal unbewusstesten Teil dar. Sie ist schon vor seiner Geburt vollständig da und begleitet ihn, weiterhin heil und ganz, bis zu seinem letzten Zustand, selbst wenn der Geist sich verändert oder schwindet. Sie nimmt geduldig alle Gaben und Prüfungen des Körpers und des Geistes in sich auf und ist so im wahrsten Sinne die Frucht, die all das unversehrt aufbewahrt, was die Einmaligkeit eines jeden Menschen ausmacht.

Konkret gesagt, wendet sich der Geist an das Gehirn, während die Seele vom Herzen aus agiert. Der Geist wird mit dem Verstand erfasst, die Seele mit der Intuition. So konnte ich eines Tages schreiben: «Der Geist regt sich, die Seele erregt sich, der Geist räsoniert, die Seele resoniert».[26] In diesem Sinne können wir auch im gemeinschaftlichen Leben eine Art Arbeitsteilung zwischen beiden beobachten: Vom Geist geregelt werden Sprache, philosophische Reflexionen, wissenschaftliche Untersuchungen und alle sozialen Belange (politische, wirtschaftliche, juristische, erzieherische, gesundheitliche usw.). Die Seele ihrerseits gebietet über alles, was die Gefühle betrifft: das künstlerische Schaffen, die mystische Dimension des menschlichen Schicksals in seiner offenen Beziehung zu einem Jenseits oder einer Transzendenz, was sich in ihrem Einklang äußert. Das gesamte menschliche Streben nach der absoluten Liebe in ihrer ersehnten Göttlichkeit konzentriert sich auf die Seele.

Als ein mit Geist und Seele ausgestattetes Wesen ist der Mensch in der Lage, an den höheren Ordnungen des Lebens teilzuhaben. Das daoistische Denken schreibt dem Leben mehrere Ordnungen zu, wenn es darauf verweist, dass «der Mensch aus der ERDE, die ERDE aus dem HIMMEL, der HIMMEL aus dem Dao und das Dao aus sich selbst hervorgeht.» Auf eine andere, undogmatische und wirklich universelle Weise können wir im abendländischen Denken die Äußerungen Pascals zu den drei Ordnungen verstehen. Schenken wir ihm Gehör, selbst wenn manch einer sich an dem Wort «Barmherzigkeit» stören mag, das er für die göttliche Liebe gebraucht. Ungeachtet der negativen oder klerikalen Konnotationen, die dem Wort anhaften mögen, ist diese Liebe für ihn eine Leidenschaft, die von einem grenzenlosen Mitgefühl durchdrungen ist. Eine derartige Leidenschaft kann nicht einfach aus einem Instinkt oder einer Überlegung heraus entstehen, sie entstammt einer anderen Ordnung. Halten wir hier also zumindest die Notwendigkeit fest, mehrere Ordnungen zu unterscheiden, denn allein diese Unterscheidung erlaubt es uns, den möglichen Werdegang des weiter oben erwähnten, gewaltigen Abenteuers zu begreifen.

Hören wir, was Pascal sagt: «Alle Körper, das Firmament, die Sterne, die Erde und ihre Reiche sind nicht so viel wert wie der geringste Geist, denn er kennt all das und sich selbst, die Körper kennen nichts. Alle Körper zusammen und alle Geister zusammen und all ihre Werke sind nicht so viel wert wie die geringste Regung von Barmherzigkeit. Das gehört einer unendlich höheren Ordnung an. Aus allen Körpern zusammen kann man nicht einen kleinen Gedanken gewinnen: das ist unmöglich und gehört in eine andere Ordnung. Aus allen Körpern und Geistern kann man keine Regung wahrer Barmherzigkeit hervorbringen, das ist unmöglich und gehört in eine andere, übernatürliche Ordnung.»[27]

Dritte Meditation

Liebe Freunde, der Gedankengang, dem ich gefolgt bin, rechtfertigt den Titel dieser Meditationen über den Tod, anders gesagt, über das Leben. Denn den Tod denken heißt, das Leben denken. Das Bewusstsein des Todes, das in uns die Idee von der Sakralität des Lebens entstehen lässt, verleiht Letzterem seinen ganzen Wert. In diesem Bewusstsein, das ihn nicht loslässt, tritt der Mensch in sein Werden ein, das in eine Reihe von Handlungen und qualitativer wie aszendenter Wandlungen mündet. Aus dieser neuen Sicht erweist sich das menschliche Leben bei der Geburt eines jeden Kindes als ein Abenteuer voller Versprechen und Ungewissheiten.

Ich meine hier das Bewusstsein des Todes, nicht den Tod selbst. Sie haben das sicher verstanden, ich rede also keineswegs einer Todesverherrlichung das Wort. Es geht im Gegenteil darum, sich dem Leben bewusster zu stellen, erfüllter zu leben.

Auf den Wegen der Existenz stoßen wir auf zwei grundlegende Geheimnisse, das der Schönheit und das des Bösen. Die Schönheit ist ein Geheimnis, weil das Universum nicht gezwungen war, schön zu sein. Es ist aber schön, und das scheint auf einen Wunsch, eine Aufforderung, eine verborgene Absicht hinzudeuten, die niemanden gleichgültig lassen kann. Das Böse ist ebenfalls ein Geheimnis. Würde sich das Böse uns nur in Form von ein paar Fehlern oder Misserfolgen zeigen, die den Schwierigkeiten des Lebens zuzuschreiben sind, hätten wir es mehr oder weniger akzeptiert. Aber bei den Menschen erlangt es einen Grad an Radikalität, der an das Absolute grenzt: Stellt sich der menschliche Einfallsreichtum in den Dienst des Bösen, kennt seine Grausamkeit keine Grenzen. Und heute wissen wir, dass das vom Menschen unternommene Werk des Bösen mit Hilfe der Technik in der Lage ist, die Ordnung des Lebens selbst zu zerstören. Diese beiden Geheimnisse, die unser Bewusstsein des Todes überlagern, erheben sich vor uns wie zwei unumgängliche Herausforderungen, die wir zu bewältigen haben. Wir werden sie nacheinander betrachten. Zuerst die Schönheit.

Für das Universum bestand kein Zwang, schön zu sein, habe ich gerade gesagt. Es wäre auch ein rein funktionelles Universum vorstellbar, ein neutrales System, das sich entwickelt hätte, ohne von irgendeiner Schönheit berührt zu werden. Ein solches Universum würde sich damit begnügen, gewissermaßen im Leerlauf, einen Komplex neutraler, unterschiedsloser Elemente endlos in Bewegung zu halten. Wir hätten es dann mit einer Welt von Robotern zu tun, mit einer gewaltigen Maschinerie oder einer straflagerartigen Welt, auf jeden Fall aber befänden wir uns nicht mehr in der Ordnung des Lebens. Damit Leben entstehen kann, ist eine Differenzierung zellartiger Elemente notwendig, eine zunehmende Komplexität und folglich die Herausbildung jedes Lebewesens in seiner Einzigartigkeit. Das Gesetz des Lebens setzt voraus, dass jedes Wesen eine organische Einheit bildet und gleichzeitig die Fähigkeit besitzt, zu wachsen und etwas weiterzugeben. Auf diese Weise hat das unermessliche Abenteuer des Lebens zu jedem einzelnen Grashalm, zu jedem einzelnen Insekt, zu jedem einzelnen von uns geführt. Jedes Wesen erstrebt aufgrund seiner Einmaligkeit die volle Entfaltung seiner Anwesenheit in der Welt, gleich einer Blume oder einem Baum. Genau da liegen der Beginn und die Definition der Schönheit.

Jeder, der aufrichtig ist, muss zugeben, dass das lebendige Universum schön ist. Selbst wenn wir es nicht zu deuten wissen, bleibt es eine Tatsache: Die Welt ist schön, und ihre Schönheit bewohnt ihre verborgensten Winkel – einen murmelnden Bach zwischen Lilien, einen Orangenbaum in einem Hof – genauso wie ihre großen Naturlandschaften, die Gletscher, die Wüsten, die Gebirge, das Meer, die im

Wind wogende Prärie, den von Gestirnen flimmernden Himmel ... Und dann ist da all das, was in den Bereich des Intervalls, des Zwischenraums, des Geflechts, der Begegnung fällt: eine Libelle, die auf einem zitternden Schilfrohr verweilt, eine Eidechse, die über einen mit Flechten überzogenen Felsen huscht, ein Sonnenstrahl, der auf ein altes Mauerstück fällt, und manchmal sich kreuzende Blicke von Menschen, die heftiger und tiefer einschlagen als ein Blitz ... Diese Schönheit, so faszinierend wie rätselhaft, scheint uns darauf aufmerksam machen zu wollen, dass das Universum begehrenswert und bedeutsam ist. Dank ihr tritt die Natur uns nicht als anonyme Gestalt, sondern als Präsenz gegenüber. Daher sieht jeder von uns, der nach Schönheit strebt, seine Einmaligkeit ebenfalls in Präsenz verwandelt.

Was uns augenblicklich auffällt, ist die Schönheit der Natur und des Kosmos, und innerhalb der Natur die Schönheit der Lebewesen. Aber speziell im Reich der Menschen nehmen wir andere Arten von Schönheit wahr. Die körperliche Schönheit der Menschen besitzt von vornherein etwas Zusätzliches: Sie wird vom Bewusstsein der Schönheit belebt, oder noch besser, von der Begeisterung für die Schönheit. Das heißt, sie ist bis zu einem gewissen Grad schon vom Geist bearbeitet. Jenseits dieser physischen Schönheit ist auf einer höheren Stufe die Schönheit des Herzens und der Seele angesiedelt. Die ganz verinnerlichte geistige SCHÖNHEIT, die nicht mehr von äußeren Merkmalen bestimmt ist, sondern im Blick und in den Gesten durchscheint. Ein glühender, offener, liebender und magnetisierender Blick, eine Geste der Sympathie, der Großzügigkeit, der Zärtlichkeit, des Trostes, der Aufopferung, kurz des Schenkens, all das gehört zu dieser höheren Ordnung der Schönheit des Herzens und der Seele, die in der allerersten SCHENKUNG ihren Ursprung hat und Ausdruck von Freundschaft und Liebe ist. Erheben sich diese beiden in ihrer Selbstlosigkeit bis ins Universale, stellen sie die höchste Verwirklichung des Menschen dar. Denn die SCHENKUNG erinnert an das Erscheinen des Lebens selbst, sie entspricht der schönen ursprünglichen Geste, die von göttlicher Eingebung zeugt.

Angesichts all dieser Schönheiten hängen wir an der Welt und am Leben. Sie sind es, die uns, oft ohne unser Wissen, davon überzeugen, dass das Leben lebenswert ist. Allerdings: Aus einer gewissen Voreingenommenheit heraus sträuben wir uns gegen die Schönheit. Wir können ihr nicht vorbehaltlos vertrauen. Wir fürchten, Opfer von Illusionen zu werden. Wie oft erscheint uns die Schönheit trügerisch! Und wir sehen, dass sie in den Händen böswilliger Personen zu einem Instrument der Herrschaft, ja der Zerstörung werden kann. Denn der mit Intelligenz und Freiheit begabte Mensch ist fähig, alles ins

Negative zu verkehren und sogar die Schönheit zu instrumentalisieren, indem er sich ihrer Verführungskraft bedient. Demjenigen, der sich eingehend mit der Schönheit beschäftigen möchte, muss also vor allem daran gelegen sein, ihr Wesen und ihren Gebrauch zu erkennen.

Die erwähnten Missbräuche sollen uns nicht daran hindern, die Schönheit zu bewundern, die ihrem Wesen nach gut ist, aber sie fordern uns auf, immer wieder eindringlich darauf zu verweisen, dass es ohne Ethik keine Ästhetik geben kann. Deshalb haben in vielen Sprachen (Sanskrit, Chinesisch usw.) Schönheit und Güte gemeinsame Wurzeln. In unseren *Fünf Meditationen über die Schönheit* haben wir uns recht ausführlich mit den Verbindungen zwischen diesen beiden Eigenschaften beschäftigt, die die menschliche Seele bewohnen.[28] Erinnern wir uns an diese Sätze von Bergson: «Der höchste Grad der Schönheit ist die Anmut [frz. «grâce»], aber das Wort ‹grâce› hat auch die Bedeutung von Güte. Denn die höchste Güte ist die Großzügigkeit eines Lebensprinzips, das sich unbegrenzt schenkt. Und genau das bedeutet ‹grâce›.» Für diese meisterhafte Formulierung des Philosophen habe ich folgende Erwiderung vorgeschlagen: «Die Güte schließt den Missbrauch der Schönheit aus. Die Schönheit ihrerseits strahlt auf die Güte aus und macht sie begehrenswert.»

Warum hat die Schönheit etwas mit dem Tod zu tun? Zunächst einmal, weil sie, wie alles andere, nicht von Dauer sein kann und uns entgleitet. Und da wir mit ihr so eng verbunden sind wie mit nichts anderem im Leben, ist ihr Verlust um so schmerzlicher, je inniger wir an ihr gehangen haben. Verbunden-Sein-Entrissen-Werden, das ist die Bedingung der Schönheit: Sie schärft unser Todesbewusstsein. Da ihre Seinsweise nicht statisch ist, zeigt sie sich jedes Mal auf dem Grat des Augenblicks. Und dann gilt es vor allem zu bedenken, dass die Schönheit, wenn sie erhaben ist, eine heilige Furcht weckt oder aber eine Leidenschaft, deren Heftigkeit den Menschen überfordert. Ebenso wie die Sonne kann man sie nicht direkt ansehen, ohne Gefahr zu laufen, das Augenlicht oder das Leben zu verlieren. Wer die Hochebenen des Himalaya in viertausend Meter Höhe kennt, versteht das zwingende Bedürfnis ihrer Bewohner, sich vor den in ewigem Weiß erstrahlenden Bergen zu verbeugen, die in achttausend Meter Höhe vor ihnen aufragen. Wer die weite Nacht in der Wüste kennt, versteht die Nomaden, die niederknien und beten, überwältigt vom blendenden Flackern der Gestirne. Als Dante mit neun Jahren zum ersten Mal Beatrice sah, spürte er den Geist des Lebens so stark in sich pulsieren, dass dieser seine Adern zu sprengen drohte. Als er sie neun Jahre später eines Tages um drei Uhr nachmittags wiedersah und zum ersten Mal ihre Stimme vernahm, die ihn grüßte, glaubte er, an die äußersten Grenzen der Glückseligkeit gelangt zu sein. Und er wusste, dass alles andere sich nur jenseits dieses Lebens erfüllen konnte.

Wie wir gerade festgestellt haben, steht also derjenige, der sich der Schönheit aussetzt, um daraus ein Werk zu machen, also der Künstler, zugleich vor der Herausforderung des Todes. Das ist umso wahrer, als das künstlerische Schaffen ja gerade eine der Formen ist, mit denen der Mensch sein tödliches Schicksal zu bezwingen sucht. Jedes Kunstwerk, das diesen Namen verdient, ein Gedicht, ein Musikstück, ein Gemälde, eine Skulptur, versucht, die Einsamkeit in Offenheit zu verwandeln, das Leiden in Einklang, die Hilferufe in Gesang, in einen Gesang, der über die durch Trennung und Tod aufgerissenen Abgründe hinweg erklingt.

Das wahre künstlerische Schaffen vollzieht sich, in der abendländischen Kultur wie überall, auf dem orphischen Weg, der unter dem Zeichen von Eurydikes Tod steht und auf dem Orpheus sie nun mit Hilfe einer anderen Art der Beschwörung wiederzuerlangen sucht. Mit Victor Hugo sei hier nur ein Beispiel aus der westlichen Welt genannt, in dem er sich an seine vier Jahre zuvor verstorbene Tochter Léopoldine wendet:

Morgen, bei Tagesanbruch, zur Stunde, da erblasst das Land,
Breche ich auf. Siehst du, ich weiß, dass du wartest auf mich.
Durch den Wald werde ich kommen, über der Berge Wand,
Nicht länger weilen kann ich so fern ohne dich (...)[29]

Worte orphischer Inspiration, der Rückkehr zur Verstorbenen, die uns allen so vertraut geworden sind. Derselbe Dichter sagt später in einer Rede am Grab der Verlobten seines Sohnes: «Das Wunder dieses großen himmlischen Fortgangs, den man Tod nennt, ist, dass die, die fortgehen, sich überhaupt nicht entfernen. Sie sind in einer Welt des Lichts, aber sie nehmen als liebevolle Zeugen an unserer Welt der Finsternis teil. Sie sind in der Höhe und ganz nah. Oh! Wer immer ihr seid, die ihr mitansehen musstet, wie ein geliebter Mensch im Grab entschwand, glaubt euch nicht von ihm verlassen. Er ist immer noch da. Er ist mehr an eurer Seite denn je zuvor. Die Schönheit des Todes ist die Anwesenheit. Unbeschreibliche Anwesenheit der geliebten Seelen, die unseren tränenerfüllten Augen zulächeln. Der Betrauerte ist verschwunden, nicht fortgegangen. Wir nehmen sein sanftes Antlitz nicht mehr wahr; wir fühlen uns unter seinen Fittichen. Die Toten sind Unsichtbare, nicht Abwesende.»

In China fand die Entsprechung zu der mit Orpheus begonnenen Tradition zuerst in dem Dichter Qu Yuan im 4. Jahrhundert vor unserer Zeitrechnung ihren Ausdruck und wurde später von allen Künstlern fortgeführt, die dem Geist des Chan[30] anhingen, demzufolge das Sein durch das Nicht-Sein geschieht, das Sehen durch das Nicht-Sehen und das Sagen durch das Nicht-Sagen. Um die Stimme und den Weg des Chan zu verdeutlichen, hier zwei Vierzeiler des Dichters Wang Wei aus dem 8. Jahrhundert:

Am Ende der Zweige die Magnolienblüten
Schenken inmitten des Berges ihre roten Kelche
(Die Unterkunft nahe der Sturzbäche ist still,
menschenleer)
Die einen erblühen, während die anderen fallen.

In diesem Gedicht steht der dritte Vers in Klammern, um uns anzuzeigen, dass es in dieser Landschaft keine Menschenseele gibt, obwohl der Dichter sehr wohl da ist, denn er ist Zeuge der ganzen Szene. Aber da er sich so sehr zurücknimmt, ist er in einem Zustand des Nicht-Seins, und nur in diesem Zustand ist er fähig, das große Gesetz der Verwandlung aufzunehmen, durch das jeder Tod in einer Wiedergeburt mündet.

Leeres Gebirge. Niemand ist mehr zu sehen;
Nur Stimmen sind noch zu hören.
Die rückgewandten Strahlen durchdringen den tiefen
Wald.
Erneut beleuchten sie das grüne Moos.

Im Verlauf seiner Wanderung durch das Gebirge – sagt dieser zweite Vierzeiler – tritt der Dichter in einen Zustand der Leere ein, wie das Gebirge, das sich gegen Abend leert. Im dritten Vers bezeichnen die «rückgewandten Strahlen» das Licht der untergehenden Sonne, das sich zurückwendet, um die Erde zu erleuchten, womit im übertragenen, geistigen Sinn die Rückwendung des Menschen gemeint ist. Es genügt, dass der Dichter sich umwendet (wie Orpheus?), um etwas anderes zu erblicken als nur den Einbruch der Nacht, um zu sehen, dass das Licht nicht verschwindet: Es beleuchtet, was in der Tiefe verborgen ist – das «grüne Moos», das für die Gegenwart des ursprünglichen Ortes steht.

Der Künstler hat also mehr als andere die Pflicht, seinen Platz im Zentrum des DOPPELBEREICHS einzunehmen. Er erfasst dort den Augenblick, in dem die Morgendämmerung die Finsternis der Nacht durchbricht, ohne den anderen Augenblick zu vernachlässigen, in dem der letzte Strahl der untergehenden Sonne hinter den Bergen erlischt. Er rühmt die Natur in voller Blüte, ohne den Winter zu vergessen, der immer in den Zweigen anwesend ist, die sich an die Zeit erinnern, da sie erstarrt und ihrer Blätter beraubt waren. Er preist das Leben im Hier und Jetzt, und lässt zugleich *wieder auferstehen,* was verloren schien. Damit nimmt der Künstler die Stelle des SCHÖPFERS ein, der – erinnern wir uns – aus dem NICHTS das GANZE entstehen ließ. Auf diese Weise verbindet der Weg der Kunst auf seiner höchsten Stufe das Menschliche mit dem Göttlichen.

Vergessen wir indes nicht all jene Künstler und Dichter, die nicht den Regeln der Harmonie folgen wollten und die Schönheit woanders suchten als im formalen Gleichgewicht. Oft liegt Größe in ihrer Suche, die auch vor Dissonanzen, Asymmetrien, selbst vor dem Grotesken nicht Halt macht. Und auch jenseits formaler Fragen haben sich manche überzeugend mit dem Chaos und sogar mit dem Verfall beschäftigt, der inmitten unserer Existenzen zu finden ist. Jene, die versucht haben, der Verwesung und dem Tod ins Auge zu sehen, verdienen, als Pioniere anerkannt zu werden, selbst wenn die Modernität ihrer Herangehensweise sich später in einen selbstgefälligen Nihilismus verkehrt hat. Nehmen wir das Gedicht «Ein Aas» von Baudelaire. Es beschreibt den übel riechenden Kadaver eines Tieres, der in der Sonne verwest und wie eine «lüsterne Frau» der Gier schwarzer Heere von Maden ausgeliefert ist. Daraufhin denkt der Dichter voller Schrecken daran, dass die von ihm verehrte Frau eines Tages in diesem Zustand enden wird. Als einziger Trost bleibt ihm, dass er von ihrer gegenwärtigen Schönheit immerhin «die Gestalt und das göttliche Wesen» bewahren wird. Dieses Gedicht kann zwei scheinbar widersprüchliche, in Wirklichkeit aber komplementäre Gefühle in uns wecken. Einerseits kann man die Vergänglichkeit, ja die Nichtigkeit der Schönheit beklagen und darin die Bestätigung finden, dass physische Schönheit allein nicht genügt. Andererseits kann man auch von der unglaublichen Tatsache gepackt sein, dass die Schönheit dennoch existiert, dass trotz dieser Gefährdung und des drohenden Verfalls dieses Wunder weiterhin Fleisch wird. Wir denken dabei an Zhuangzi, der im letzten Kapitel seines Buches erklärt, dass «zwischen Himmel und Erde große Schönheit ist», und «die magische Kraft der Natur» rühmt, «die unaufhörlich das Verweste in Wunderbares verwandelt».

Im Laufe seines Schaffensprozesses, der einer ungestümen Schlacht oder einem Kampf mit dem Engel gleichkommt, macht der Künstler die gleiche Art von Erfahrung, die in der leidenschaftlichen Liebe gemacht wird, und vermutlich ist sie noch heftiger, denn es gilt, eine Form zu bändigen. Egal, ob sie harmonisch ist wie bei Vermeer oder konvulsivisch wie bei Bacon, die Kunst verlangt, dass diese Form eine bestimmte Intensität erreicht, die vom rhythmischen

Atem beseelt ist. Zu diesem Zweck muss der Künstler uneingeschränkt auf die drei Bestandteile seines Wesens zurückgreifen: den Körper, den Geist und die Seele.

Mein Verständnis dieser drei Bestandteile habe ich in der vorangegangenen Meditation ausführlich dargelegt. Ich erlaube mir, die Entwicklung dieser Begriffe noch einmal aufzugreifen, um sie auf den spezifischen Bereich des künstlerischen Schaffens anzuwenden. Der Körper bildet den Ausgangspunkt für alles, und am Beginn des künstlerischen Schaffens steht der körperliche Kontakt mit der Welt. Genauer gesagt, nicht nur ein Kontakt, sondern eine regelrechte Wechselbeziehung zwischen der Innenwelt des Künstlers und allem, was die Außenwelt ihm an Inhalten und Anregungen bieten kann. In dieser Wechselbeziehung ist bereits der Geist tätig, denn hier findet ein äußerst bewusstes «Tun» statt, das ein technisches Können sowie ein scharfsinniges Verständnis der zu behandelnden Themen voraussetzt. Doch am Ende muss der Künstler sich um eine intime, tiefe, ganz persönliche Sicht der Dinge bemühen, und in dem Moment kommt die Seele ins Spiel. Diese ist, wie wir gesehen haben, der verborgenste Teil jedes Menschen. Von seiner Geburt an, oder schon vorher, unterhält sie in ihm ein Glimmen, das zu erstrahlen sucht, ein Wiegenlied, das sich Gehör verschaffen möchte. Jacques de Bourbon-Busset hat zu Recht die Seele als den «Generalbass jedes Menschen» beschrieben. Jedes Kunstwerk ist in seinem erhabensten Zustand Einklang der Seele mit der Seele der anderen und mit dem SEIN. Auf diese Weise sucht jeder Schöpfer Raum und Zeit zu überwinden, Trennung und Tod zu transzendieren. Er strebt nicht nach Kommunikation, sondern nach Kommunion.

In dem Maße, wie wir im Lebensalter voranschreiten, verinnerlicht die Seele immer mehr all das, was der Körper an Begehren und Erfahrung in sich trägt. Ich habe es bereits gesagt: Die Frucht der Seele nimmt Leiden und Freuden, Tränen und Blut in sich auf. Mit dem Künstler ist es nicht anders. Je mehr er sich dem Ende nähert, desto karger und freier präsentiert sich sein Schaffen. Denken wir an die letzte Pietà von Michelangelo, an die letzten Porträts von Tizian und Rembrandt, an die letzten Visionen eines Fan Kuan, eines Cézanne. An die *Göttliche Komödie* von Dante, an die *Phèdre* von Racine, an die letzten Gedichte von Du Fu, von Wang Wei, von Rûmî, von Tagore. An die letzten Kantaten von Bach, an die letzten Streichquartette von Beethoven und die letzten Klaviersonaten von Schubert, an die letzten Requiems von Mozart und Fauré … Ich vergesse auch nicht *Das Lied von der Erde* von Mahler und die *Vier letzten Lieder* von Richard Strauss, Wehmutsrufe, so glanzvoll wie die Aureole der untergehenden

Sonne. Übrigens weiß jeder von uns, welche Musik er im Moment des Sterbens gern hören würde.

Hören wir genau hin: Ein ununterbrochener Gesang dringt aus der Erde hervor, er verbindet Leere und Fülle, wechselt zwischen Rückzug und neuem Schwung und vereint sich mit der großen Rhythmik des ewigen Stroms, der die Gestirne bewegt. Der Rhythmus unterscheidet sich vom Takt, der eine Wiederholung Desselben ist, er funktioniert als Wechselspiel der vitalen Atemenergien in seiner ganzen Komplexität: Vorstoß und Wiederholung, Wiederholung und erneuter Vorstoß, synkopisches Aufeinandertreffen, harmonisches Überschneiden, Spiralbewegung, in deren Verlauf Register und Dimension wechseln und damit zu Wandel und Verklärung führen, so dass der Tod, um eine Wendung von Paul Claudel aus *Der seidene Schuh* aufzugreifen, die «Erlösung der gefangenen Seelen» bewirkt.

Leider behindert etwas im Menschen die Musik. Diesem entscheidenden Manko hat die Menschheit einen Namen verliehen: das Böse.

In Bezug auf die Schönheit haben wir gesehen, dass der mit Intelligenz und Freiheit begabte Mensch fähig ist, alles ins Negative zu verkehren. Wie sehr bestätigt sich das mit dem Tod, der sich ganz offensichtlich zur Pervertierung eignet. Gepackt von ungebändigten Instinkten bestialischer, zerstörerischer oder sexueller Art, bewegt von Hass oder Eifersucht, vom Wahn, andere zu besitzen oder zu beherrschen, zögert der Mensch nicht, aus dem Tod ein radikales Instrument im Dienste des Bösen zu machen. Wer über Leben und Tod anderer herrscht, der nimmt seinen Opfern nicht nur das Leben, sondern kann sie vor ihrer Ermordung durch Drohungen oder Folter so sehr erniedrigen und entwürdigen, dass er ihnen jegliches Menschsein nimmt. Damit tötet er sogar ihre Seele. Er schafft ein regelrechtes Nicht-Seiendes, das das lebendige Universum in seinem Fortschreiten wahrscheinlich nicht vorgesehen hatte. Er schafft eine Art schwarzes Loch im Reich des Lebendigen.

In der Ordnung des Lebens hätte der Mensch, dieses zu den höchsten Dingen wie der selbstlosen oder der universalen Liebe fähige Wesen, beinahe die furchtbare Kette unterbrechen können, die darin besteht, zu töten um zu überleben. Aber in der Wirklichkeit seiner Geschichte entpuppt er sich als das beängstigendste, um nicht zu sagen, als das entsetzlichste Tier. Im Gegensatz dazu bewahren die nach einigen guten Prinzipien von ihm gezähmten Tiere wie das Pferd, der Hund, das Kamel, das Maultier, der Esel oder das Kaninchen Tugenden, die viele Menschen aufgegeben haben: Edelmut, Treue, Geduld, Sanftmut, Unschuld. All der menschliche Erfindungsreichtum, den wir so bewundern – und er ist eines der Argumente, die oft ins Feld geführt werden, um die Überlegenheit der menschlichen Gattung zu beweisen –, all diese Technik, die in unserer modernen Zeit eine exponentielle Entwicklung durchgemacht hat, erfuhr im Verlauf ihrer Perfektionierung zugleich die schlimmsten Missbräuche: Sie hat es ermöglicht, die Foltermethoden noch raffinierter zu gestalten, die Massenvernichtung noch effizienter zu machen und die Welten der Konzentrationslager zu erschaffen. Wir haben gesehen, wie die Menschen im 20. Jahrhundert eine ganze Reihe neuer Tötungsarten erfunden haben, von den primitivsten bis hin zu den raffiniertesten, auf individueller wie auf kollektiver Ebene. Wer von uns wäre in der Lage, sich vorzustellen oder nachzuempfinden, was jener junge Mann in den Händen der selbst ernannten «Bande der Barbaren»[31] oder jene Frau in der Gewalt von Sadisten in einem elenden Kellerloch während endloser Tage und Nächte auszuhalten hatten, bevor sie starben? Und wenn der Hass sich der Menge bemächtigt und sie in ein Blutbad stürzt, vermag nichts mehr ihre Wut und ihre Verachtung unter Kontrolle zu bringen. Bei gewissen Massakern zwangen die Henker, um Kräfte einzusparen und schneller voranzukommen, ihre Opfer, breite Gräben auszuheben, bevor sie sie mit Gewehrkolben- oder Bajonetthieben hineinstießen, um sie dann bei lebendigem Leibe zu begraben. In anderen Fällen flehten die Opfer darum, sie zu erschießen, statt sie mit der Machete aufzuschlitzen, worauf die Henker sie anbrüllten: «Kugeln vergeuden für euch Gesindel? Das fehlte noch!» Bei einer anderen ethnischen Säuberung, diesmal ganz in unserer Nähe, hat man Kinder vor den Augen ihrer Mütter ermordet, bevor diese hingerichtet wurden, hat man Frauen vor den Augen ihrer Männer vergewaltigt, bevor diese getötet wurden. Was für ein furchtbares 20. Jahrhundert, das das oberste Gesetz der Achtung vor dem Leben so schändlich verraten hat!

«Du sollst nicht töten» lautet ein unausgesprochenes Gebot, das in allen Zivilisationen gilt. Allerdings gewinnt es an Kraft, wenn es mit lauter Stimme benannt wird. Wie in der hebräischen Tradition, in der dieses Gebot ein heiliger, von OBEN erteilter Befehl ist. Jede menschliche Gesellschaft gründet auf einigen grundlegenden Verboten, wobei das erste das Verbot des Inzests ist, aber «Du sollst nicht töten» ist das wichtigste. Darum habe ich Angst bekommen, als nicht einmal dreißig Jahre nach dem monströsen Gemetzel des Zweiten Weltkriegs der ungenierte Ruf «Es ist verboten zu verbieten!» unter uns erscholl. Sicher muss man alle repressiven und ungerechten Verbote bekämpfen. Aber ausnahmslos alle Beschränkungen abzuschaffen ist ein Unterschied, nämlich der, der die Zivilisation von der Barbarei trennt. Denn es ist gerade das Gesetz des Lebens, das befreiend wirkt, nicht die Beliebigkeit. Die wahre Freiheit, die für die menschliche Würde bürgt, mit einem Gehenlassen zu verwechseln, das allein vom Prinzip des Vergnügens gelenkt wird, wäre ein tödlicher Irrtum. Am meisten machte mir damals Angst, dass keiner der bekannten Intellektuellen seine Stimme erhob, um diese Dummheit anzuprangern. Bei der aufmerksamen Lektüre einiger «geistiger Vorbilder», deren herausragende Intelligenz wir bewunderten, müssen wir feststellen, dass ihre Gedanken damals zu derselben Schlussfolgerung gelangten: «Alles ist erlaubt.» Wie käme einem da nicht Dostojewski in den Sinn, der Ende des 19. Jahrhunderts, bestürzt über den aufkommenden Nihilismus, warnte: «Wenn Gott nicht existiert, ist alles erlaubt.»

Am Ende des 20. Jahrhunderts wurde nicht nur der Tod Gottes, sondern auch der des Menschen verkündet. Aber sah derjenige, der dies verkündete, darin eine einfache Feststellung oder eine erneute Warnung? Im letzteren Fall durfte man zu Recht von ihm erwarten, dass er sich darum bemühte, neue Werte in den Bereich der Ethik einzubringen. Ein solcher Beitrag blieb aus. Und tatsächlich ist es dem Menschen unmöglich, eine echte Wertehierarchie aufzubauen, wenn jegliche Vorstellung von Sakralität aus dem Leben verbannt wird. Man kann dann versuchen, von außen einige Regeln durchzusetzen, aber vergeblich: Die Seele folgt ihnen nicht aus innerer Überzeugung, denn sie entspringen keiner echten Lebensquelle und werden nicht aus ihr gespeist.

Ein solches Bestreben, jede Vorstellung von Begrenzung aufzulösen, entsprang dem Willen, alles zu entsakralisieren. Ich glaube, das war ein schwerer Fehler, denn eine Welt ohne Sakralität ist eine chaotische Welt. Darum ist es angebracht, das grundlegende Heilige, nämlich das des Lebens zu bekräftigen. Und gleichzeitig gilt es, deutlich zu machen, dass auch der Tod eines jeden heilig ist – der Tod, wie gesagt, im Sinne der unersetzlichen Frucht eines jeden Schicksals, entsprechend seinem Mandat des Himmels. Fast hätten wir vergessen, was uns die Kenner der Prähistorie gelehrt haben, nämlich dass sich die Anfänge der menschlichen Entwicklung durch die Aufmerksamkeit auszeichnen, die dem zukünftigen Geschick jedes einzelnen Toten entgegengebracht wird. Beinahe hätten wir Antigone nur für ihre mutige Tat gegen die Staatsräson bewundert und dabei fast vergessen, dass sie bereit ist, sich selbst zu opfern, weil sie öffentlich erklären will, dass die anständige Bestattung eines jeden auf einem göttlichen Gesetz gründet. Sie erinnert Kreon und uns alle daran, dass die Sorge für den Leichnam einer Transzendenz gehorcht, die über allen menschlichen Gesetzen steht.

Alle Verbrechen schänden den Leib ihrer Opfer

und berauben diese ihres eigenen Todes. Die Massenverbrechen verschlimmern diese Enteignung des Todes, die einer Entmenschlichung gleichkommt. In der Geschichte der Menschheit finden sich unzählige solcher tragischen Ereignisse, aber die des 20. Jahrhunderts haben infolge der oben erwähnten Pervertierung der Technik die Skala des Schreckens noch um mehrere Stufen nach oben erweitert. Im Fall des von den Nazis verübten Genozids wurde das Verbrechen bis an die alleräußersten Grenzen getrieben. Die Nazis haben mit eiskalter Rationalität die Industrialisierung des Todes durchgeführt und damit diesem jeden Sinn genommen: Der Tod hat nichts Menschliches mehr, wenn er das Ergebnis einer Fabrik ist, die täglich Tausende von Leichen produziert, Tag für Tag über Monate und Jahre hinweg, in einem ausweglosen Schrecken. Der Tod, den ich vorhin eines unserer kostbarsten Güter genannt habe, dieser Tod ist in Auschwitz gestorben. Wenn Millionen Körper von Männern, Frauen und Kindern zu Asche gemacht, oder schlimmer noch, als Rohstoff verwendet werden (Frauenhaar, Goldzähne, menschliches Fett zu Seife verarbeitet …), ja dann kann man sagen, dass der Tod getötet worden ist. Zudem beschränkte sich das Verbrechen der Nazis nicht darauf, das Verschwinden eines Volkes zu organisieren, es setzte alles daran, dass dieses Verschwinden selber verschwand, so dass sich in Zukunft niemand jemals mehr an die vernichteten Menschen erinnern könnte, so als hätten sie nie existiert: Ihr Tod wie ihr Leben sollten sich endgültig in «Nacht und Nebel» verlieren.

Das Hitler-Regime hat vor seinem Zusammenbruch all die aufgetürmten ausgemergelten Körper, all die Haufen namenloser Skelette nicht rechtzeitig beseitigen können. Wenn wir versuchten, sie zu vergessen, unter dem Vorwand, dass ihr Anblick uns daran hindere, unbeschwert zu leben, würden wir uns zu Komplizen der Verbrecher machen. Glücklicherweise sind wir doch noch viele, die hinter jedem ausgemergelten Körper eine Seele erblicken, eine Seele wie die des Dichters Benjamin Fondane zum Beispiel, der 1944 in Auschwitz ermordet wurde:

Zu euch spreche ich, ihr Menschen der Antipoden,
ich spreche von Mensch zu Mensch
mit dem Wenigen in mir, das vom Menschen übrig ist,
mit dem Wenigen an Stimme, die mir in der Kehle
bleibt,
mein Blut liegt auf den Straßen, könnte es doch, könnte
es doch
nicht nach Rache schreien!
(...)
Ein Tag wird kommen, das ist sicher, da der Durst
gestillt ist,
wir werden jenseits der Erinnerung sein, der Tod

wird die Arbeit des Hasses vollendet haben,
ich werde ein Büschel Brennnesseln unter euren Füßen sein,
– aber, wisst, ja, dass ich ein Gesicht hatte
wie ihr. Einen Mund, der betete, wie ihr.
(…)
Und doch, nein!
Ich war kein Mensch wie ihr.
Ihr seid nicht auf der Straße geboren,
niemand hat eure Kleinen in die Kloake geworfen
wie Kätzchen noch ohne Augen,
ihr seid nicht umhergeirrt von Stadt zu Stadt,
gehetzt von der Polizei,
ihr habt nicht die Dramen im Morgengrauen erlebt,
die Viehwagen
und das bittere Schluchzen der Erniedrigung,
angeklagt wegen eines Verbrechens, das ihr nicht begangen habt,
wegen eines Mordes, dessen Leiche noch fehlt,
den Namen und das Gesicht wechselnd,
um nicht einen Namen zu tragen, den man ausgepfiffen hat,
ein Gesicht, das der ganzen Welt
als Spucknapf gedient hatte! (…)[32]

Wie Fondane haben alle Opfer extreme Schmerzen und Leiden, extreme Einsamkeit und endlose Verzweiflung erfahren, und dennoch haben viele von ihnen im Augenblick der äußersten Prüfung den Namen eines geliebten Menschen gerufen. Sie hatten ihren Sinn für das Menschliche ganz und gar bewahrt, während ihre Henker sich in der niederträchtigen Unmenschlichkeit selbst zunichtegemacht hatten.

Eine solche Erinnerung an das absolut Böse und an die unsägliche Not, die es bewirkt hat und noch immer bewirkt, macht uns sprachlos. Ich kann nur eines dazu sagen, um meine tiefe Überzeugung auszudrücken: Wenn eines Tages die Welt gerettet werden muss, dann wird sie mit all den unschuldigen Opfern gerettet werden.

Vierte Meditation

Liebe Freunde, im Verlauf meiner vorangegangenen Meditationen konnten wir sehen, dass das Leben den körperlichen Tod als eines seiner eigenen Gesetze aufgestellt hat, und zwar damit das Leben überhaupt Leben sein kann, damit es ein ständiges Werden sein kann. Da der Tod nur die Aufhebung eines bestimmten Lebenszustands ist, würde es ihn nicht geben, wenn es das Leben nicht gäbe. Der physische Tod in seiner Unabwendbarkeit lässt paradoxerweise das Leben als das eigentliche absolute Prinzip erkennen. Es gibt nur ein einziges Abenteuer: das des Lebens. Und nichts kann es mehr ungeschehen machen oder seinen weiteren Fortgang aufhalten. Wenn ich das sage, denke ich nicht nur an die Gläubigen aller Religionen, die an dieser Wahrheit nicht zweifeln, ich beziehe mich auch auf diejenigen, die sich aufrichtig an die Fakten halten. Ich denke an Spinoza, der erklärt: «Das Wesen des Lebens ist ewig.» Ich denke an die Chinesen ohne bestimmte Glaubensrichtung, die sich diese bereits erwähnte Lebensweisheit zu eigen gemacht haben: «Leben bringt Leben hervor, es gibt kein Ende.» Diese Behauptung gründet in der Idee, dass der Weg ein Abenteuer in ständigem Werden ist, gemäß dem Gesetz der Veränderung in vielerlei Dimensionen, und dass die gesamte irdische Erfahrung nicht einfach verloren geht, sondern zu einer Lebensmaterie werden kann, die den Zugang zu einer anderen Lebensordnung ermöglicht.

Das Leben als ein sich weiterentwickelndes Abenteuer, voller Möglichkeiten der Veränderung und Verwandlung ... Lassen Sie uns in diesem Fall doch endlich die Frage stellen, die uns auf der Zunge brennt: Was ist mit dem persönlichen Tod? Was ist mit dem Traum von einem ewigen Leben, den jeder heimlich hegt? Was dürfen wir erwarten? Nachdem wir nun einmal mit Sprache und Geist begabte Wesen sind, wissen wir, dass auf diese Fragen keine Antwort zu finden ist hinsichtlich unserer körperlichen Materie, die ganz offensichtlich dem Zerfall geweiht ist. Müssen wir uns also der Seele zuwenden, diesem unbestreitbar einmaligen und unersetzlichen Teil jedes Menschen, der in der Lage ist, die Gaben des Körpers und des Geistes in sich aufzunehmen? Ist die Aussicht auf ein Überleben der Seele denkbar? Erwarten Sie nicht von mir, dass ich auf diese Frage wie ein Richter mit einem klaren Urteil antworte. Niemand kann im Übrigen auf diese Weise antworten, eben aus dem einfachen Grund, weil das Leben selbst ein im Werden begriffenes Abenteuer ist. Ich befinde mich hier in einer Meditation, nicht in einer Vorlesung, und ganz bescheiden versuche ich gemeinsam mit Ihnen, Schritt für Schritt voranzukommen, indem ich mich so nahe wie möglich an die Wahrheit halte.

Befassen wir uns zunächst mit dem Gedanken, dass sich beim Tod eines Menschen seine Seele aus dem Körper befreit und ihn überlebt. Diese Idee ist in allen Religionen fest verankert und noch in zahlreichen Kulturen lebendig. So wissen wir zum Beispiel, dass im Islam das allgemeine GERICHT als höchstes EREIGNIS *(al-Waqi'a)* die AUFERSTEHUNG als eine neue SCHÖPFUNG rechtfertigt; jede Seele erfährt dann die Wirklichkeit Gottes und ihren eigenen Wert. Im Hinduismus hören wir die Lehre eines Ramana Maharshi: «Die Existenz eines jeden liegt offen zutage, mit oder ohne Leib, egal ob im Zustand des Wachseins, des Träumens oder des tiefen Schlafs. Warum also wollen wir durch den Körper gefesselt bleiben? Möge der Mensch sein ewiges SELBST finden, sterben und unsterblich und glücklich sein.»

Betrachten wir jetzt das chinesische Denken. In der Antike hing dieses Volk instinktiv dem Glauben an die ewige Natur der Seele an. Das Schriftzeichen *hun,* «Seele», enthält übrigens das Element, das die Geister oder die Manen bezeichnet, über die der Tod keine Macht hat. Um das 4. Jahrhundert vor unserer

Zeitrechnung erfährt der Begriff der Seele eine präzisere Formulierung. Sie besteht aus zwei sich ergänzenden Teilen: *hun*, «helle oder vernünftige Seele», und *po*, «dunkle oder empfindsame Seele». Beim Tod eines Menschen steigt seine helle Seele zum Himmel auf, und seine dunkle Seele kehrt in die Erde zurück. Diese Auffassung ist in groben Zügen die des Daoismus. Später führt der Buddhismus die Idee der Seelenwanderung ein. Diese beiden Religionen tragen dafür Sorge, dass die Seelen der Verstorbenen nicht fehlgeleitet werden oder ziellos umherirren, und verfügen dafür über besondere Gebete. In unserer heutigen Zeit erfährt die chinesische Gesellschaft eine so gewaltige Umwälzung, dass alles verschwimmt, vor allem nach jahrzehntelangen Kampagnen kommunistischer Ideologen gegen jede Form von «Aberglauben». Aber seltsamerweise ist es selbst bei diesen überzeugten Materialisten keine Seltenheit, dass anlässlich des Ablebens einer wichtigen Persönlichkeit der Revolution die Bestattungszeremonie vor Transparenten oder Tafeln stattfindet, auf denen Widmungen zu lesen sind wie «Sein Geist bleibt auf ewig lebendig» oder «Seine heldenhafte Seele stirbt nicht». Und als Mao Zedong sein Ende nahen fühlte, wiederholte selbst er mehrfach: «Bald werde ich Marx sehen.»

In der abendländischen Zivilisation, die vom Platonismus und der jüdisch-christlichen Tradition geprägt ist, bleibt die Vorstellung von der Unsterblichkeit der Seele mindestens bis in die Mitte des 18. Jahrhunderts weit verbreitet und anerkannt. Bis zu dem Zeitpunkt, an dem sie durch den Atheismus immer systematischer bekämpft wird. Dennoch kennt die Debatte zwischen den Atheisten und denen, die die Dimension des Jenseits in ihre Vorstellung vom Leben einbeziehen, nicht immer so klar markierte Grenzen, denn dazwischen gibt es noch die Agnostiker. Daher ist es angebracht, die Dinge etwas differenzierter zu betrachten. Ich denke, ich werde gewisse Fakten ansprechen, die im Zusammenhang mit der Seele und der Kommunion der Seelen stehen, und die mich schließlich ganz persönlich berührt haben.

Wenn man über die Mittelmeerküste von Frankreich nach Italien reist, fährt man, nachdem man Genua und La Spezia hinter sich gelassen hat, die ligurische Küste entlang durch eine Reihe kleiner Städte, ehemalige Fischereihäfen, die direkt am Fuß der Berge sich jeweils in eine Bucht von vollendeter Krümmung zusammenrollen. Diese Reihe von Buchten bildet den so genannten «Golf der Poeten», denn diese Gegend von ungewöhnlicher Schönheit hat seit der Antike Generationen von Dichtern in ihren Bann gezogen, an erster Stelle Vergil und Dante. Am Anfang des 19. Jahrhunderts gesellten sich zu dieser langen Reihe lateinischer und italienischer Dichter zwei englische, und nicht die unbedeutendsten: George Byron und vor allem Percy Bysshe Shelley. Dieser lässt sich mit seiner Frau Mary – die später als Erfinderin der Figur des Frankenstein bekannt werden wird – in Lerici nieder, zusammen mit einem befreundeten Ehepaar. Die beiden Paare bewohnen ein großes, strahlend weißes Patrizierhaus am Fuße eines Hügels mit üppiger Vegetation. Vor dem Haus kreuzt man einen Weg, der zum Dorf führt, und schon ist man am Strand. Shelley taucht hier vollkommen in die Schönheit der Natur ein und entfaltet eine rege literarische Aktivität. Er übersetzt Platon, Aischylos, Spinoza, Goethe … Gleichzeitig wettert er ständig gegen die englische Gesellschaft und quält sich auch wegen seiner gespaltenen Liebe zu seiner Frau Mary und zu Jane, die ihnen mit Freunden einen Besuch abstattet und der er einige überwältigende Gedichte widmen wird. In dieser Situation ereilt ihn die Nachricht, dass ein anderer genialer Dichter, John Keats, in Rom elend und qualvoll verstorben ist. Auch Keats, der von der Tuberkulose aufgezehrt und von den Kritikern vernichtend abgeurteilt worden war, hatte England verlassen müssen. In seiner tiefen Erschütterung beginnt Shelley, eine große Elegie zu verfassen, einen Keats gewidmeten, orphischen Gesang von fünfundfünfzig Strophen mit dem Titel «Adonais», der sein erhabenstes Werk bleibt. Lesen wir die letzte Strophe:

Der Atem, den ich anzurufen wagte,
kommt über mich; er treibt mein Schiff zuletzt
weit vom Gestade, weit von den Verzagten,
die ihre Segel nie bei Sturm gesetzt,
der Irdisches und Sphären fast zerfetzt!
mich trägt er dunkel, angstvoll weit, so weit;
doch Adonais' Seele leuchtet jetzt,
ein Stern, der himmlische Erhabenheit
entschleiert, strahlt, wo Bleibe ist in Ewigkeit.[33]

Es muss dazu gesagt werden, dass Shelley ein erklärter Atheist war, während für Keats «die Erde ein Tal ist, in dem die Seelen wachsen». Dennoch haben im Grunde die jeweiligen Überzeugungen keine große Bedeutung. In dieser letzten Strophe wird Shelley von dem Wunsch getrieben, mit Keats' Seele zusammenzutreffen, die über die Bleibe der Ewigen wacht: «Adonais' Seele leuchtet jetzt, ein Stern, der himmlische Erhabenheit entschleiert, strahlt, wo Bleibe ist in Ewigkeit.»

Mit Keats' Seele zusammentreffen, aber wie? Über das Wasser. Denn Keats' Grab in Rom trägt die Inschrift: «Hier ruht der Dichter, dessen Name in Wasser geschrieben ist». Wie in einer Eingebung sagt Shelley in seinem Gedicht: «Er treibt mein Schiff zuletzt weit vom Gestade», und weiter unten: «Mich trägt er dunkel, angstvoll weit, so weit» hin zu dem Leuchtfeuer, der Seele des Adonais. Ist es Eingebung oder eine düstere Vorahnung? Kaum ein Jahr später fährt Shelley in Begleitung eines Freundes mit einem Segelboot aufs Meer hinaus. Ein Gewitter bricht los, das Boot kentert, der Leichnam des Dichters wird in der Nähe von Viareggio an einen Strand gespült. In seiner Jacke findet man eine Gedichtsammlung von Keats. Die nahen Verwandten und die Freunde des Dichters, darunter Byron, eilen herbei. Man errichtet einen Scheiterhaufen direkt am Strand, und der Leichnam wird eingeäschert. An jenem Abend, während die Flamme zum Sternenhimmel emporlodert, stürzt sich Byron, vom Kummer gebrochen, ins Meer und schwimmt so weit hinaus, wie seine Kraft reicht.

Ich wandte mich im Alter von fünfzehn Jahren der westlichen Literatur zu und begann tatsächlich mit der englischen Dichtung. Die Porträts von Keats und Shelley zierten die Wände meines Zimmers. Keats starb mit sechsundzwanzig Jahren, Shelley mit dreißig. Wie ich schon sagte, glaubte ich, dass ich selbst nicht so lange leben würde wie sie. Damals stieß ich irgendwann auf ein Gedicht von Shelley, das er auf den Höhen der Apenninen verfasst hatte. Auf einem Felsen sitzend, umgeben vom Duft der Pinien und dem Summen der Bienen, betrachtete der Dichter aus der Ferne das Mittelmeer, das unter der Sonne eines Sommernachmittags flimmerte. Ich spürte mit einem Mal den sehnlichen Wunsch, eines Tages dieselbe Szene zu erleben. Nun befand ich mich aber im hintersten Winkel Chinas und mitten im Krieg. Ich hatte noch nie das Meer gesehen und glaubte nicht, dass ich es jemals zu sehen bekäme, und schon gar nicht das ferne Mittelmeer! Ich weiß nicht, durch welches Wunder ich eines Tages nach Europa gelangen konnte, ich bin ein französischer Dichter geworden, und meine Gedichte wurden ins Italienische übersetzt, vor allem von einem anderen Dichter, der heute hier zugegen ist, Michele Baraldi. Und so wurde mir eines Tages unverhofft der renommierte Große Preis für Lyrik von Lerici verliehen. Das war 2009, als ich achtzig Jahre alt war. Lerici! Man kann sich vorstellen, wie bewegt ich war, als ich mich, wie im Traum, an diesem Ort wiederfand, der einst von den Schutzengeln meiner Jugend bewohnt war.

Vom Balkon meines Zimmers aus konnte ich das weiße Haus sehen, das immer noch dort stand, unversehrt, in der Frische der Morgendämmerung, in der Glut des Mittags, im Glorienschein des Abends. So nah, so vertraut, dass es mir zu einem inneren Tempel geworden war, der von einem hohen Lied der Klage und des Feierns widerhallte. In einer Vollmondnacht hörte ich im Rauschen der Meereswogen, wie die Stimme mit dem Oxforder Akzent dem jungen fünfzehnjährigen Mann, der ich noch immer war, ins Ohr flüsterte: «Siehst du, unser lieber Keats hat Recht. Die Erde ist sehr wohl ein Ort der Initiation, an dem wir uns in eine Seele verwandeln. Sind wir einmal zu Seelen geworden, finden wir wieder zueinander, keine Entfernung kann uns fortan trennen!» Zwischen Shelley und mir ist auf diese Weise ein unglaubliches heimliches Einverständnis entstanden, das mein Leben keineswegs beschließt, sondern ihm eine ungeahnte Offenheit verleiht. Ich habe ganz entschieden einen anderen «Bereich» betreten.

Erlauben Sie mir, Ihnen eine andere, noch persönlichere Begebenheit zu erzählen, die aus jüngster Zeit stammt. Vor einigen Tagen befand ich mich mitten in den Vorbereitungen für die gegenwärtige Meditation, als ich, durch eine Freundin, die an unseren Sitzungen teilnimmt, einen Brief aus den USA von der französisch-chinesischen Cellistin Cécilia Tsan erhielt. Sie äußerte den Wunsch, dass ich ihr von ihrem Vater erzähle, da sie vermutlich weiß, dass ich der einzige Überlebende bin von denen, die ihn gekannt haben. Diese Bitte hat mich mit einem Schlag mehr als sechzig Jahre zurückversetzt, an den Beginn der fünfziger Jahre, eine Zeit, die so fern ist, dass sie mir einem früheren Leben anzugehören scheint.

Ich war damals ein junger Mann, voller Angst und Unruhe angesichts meines Exils und meiner Unfähigkeit, im praktischen Leben zurechtzukommen. Der Vater von Cécilia Tsan war ein junger Mann wie ich, genauso unfähig, das tägliche Leben zu meistern, aber er hatte das Glück, verheiratet und schon Vater eines kleinen Mädchens zu sein. Vor allem aber hegte er, im Gegensatz zu mir, keine Zweifel an seiner Berufung, Komponist zu sein. Als Absolvent des Shanghaier Konservatoriums zählte Guoling – sein Vorname bedeutet «Seele des Landes» – zu den Hoffnungsträgern seiner Generation. Unterstützt von seiner reizenden Ehefrau kam er nach Frankreich, um seine Kunst zu vervollkommnen. Wenn ich von ihm sprach, pflegte ich zu sagen, dass er nur durch die Musik atme, und ohne zu wissen warum, verglich ich ihn instinktiv mit Georges Bizet. Vielleicht wegen seines außergewöhnlichen Sinns für Rhythmus und Melodie. Ich erinnere mich, dass ich, während ich eines seiner Stücke hörte, das von einem betörenden Rhythmus getragen wurde, einen meiner ersten musikalischen Begriffe auf Französisch lernte: Generalbass. Später gebrauchte ich diese Vorstellung des Generalbasses – den Gedanken von Jacques de Bourbon-Busset aufnehmend –, um, wie bereits weiter oben erwähnt, die Seele eines jeden Wesens zu definieren. Tsan wohnte in der Vorstadt und fuhr gewöhnlich mit dem Fahrrad. Eines Nachts kehrte er nicht zurück. Er war in der Dunkelheit gegen einen Baum geprallt und auf der Stelle tot. Zurück blieb eine jähe Stille, ein sprachloser, zerbrochener Gesang. Cécilia war erst vierzig Tage alt. Man kann sich vorstellen, welchen Weg der Schmerzen und Entsagungen ihre ohnehin mittellose Mutter gegangen sein muss, um ihre beiden Töchter allein großzuziehen.

Ich hatte nie Kontakt zu Cécilia gehabt, bevor sie mir vor einigen Tagen schrieb. Ich hatte nur Gelegenheit gehabt, in den achtziger oder neunziger Jahren im Radiosender France Musique einige ihrer wunderbaren Interpretationen zu hören. Damals rief ich freudig aus: «Ah, die Seele ihres Vaters ist in sie übergegangen!» Als ich dann unerwartet ihren Brief erhielt, bewegt von ihrem Schreibstil, der so mitreißend ist wie ihr Cellospiel, habe ich folgendes Gedicht an sie geschrieben:

Fleischliche Seele, dieser Bass setzt sich in jedem fort,
Wenn die Berührung eines anderen ihn
Schwingen, widerhallen lässt

Langsam erhebt sich dann
Erwacht dann entzückt
Erweckend dann verzaubernd
Der Gesang der hohen Kindheit
Einst strahlend dann vergessen

Lange verborgen dann erinnert
Psalmodierend die Gegenwart mit seiner Fülle
Wo die erblühte Lilie endlich mit dem Stern sich
vereint …

Ist das Wesen nicht genau diese Musik
Die seit Urbeginn
Sich Gehör zu schaffen sucht
Die wartet
Jeden Augenblick eines jeden Tags
Und jeden Tag eines ganzen Lebens
Dass die Hand endlich die Leier zu rühren vermag?

Cécilia, ihrerseits von meinem Gedicht bewegt, das sie sofort auswendig lernt, schlägt vor, es an ihren Freund, den Komponisten Eric Tanguy, weiterzureichen, damit er es vertont. Und sie fügt hinzu: «Das Stück könnte den Titel *Die Lilie und die Leier* tragen, was meinen Sie?» In der Tat, eine glückliche Wahl. Die klangliche Nähe zwischen beiden Wörtern erinnert an die Nähe, die zwischen dem Wesen der Lilie und dem der Leier besteht. In meinen Augen deutet sie auch den Wandlungs- und Verschmelzungsprozess an, zu dem es unweigerlich zwischen der zerbrechlichen, so schnell «verderblichen» Lilie und dem ewigen Lied der Leier kommt. Sofort kam mir dabei der Gedanke: Die Lilie erblüht eines Tages als Leier.

Was ich soeben angesprochen habe, gibt mir das klare Gefühl einer Übertragung von Seele zu Seele, die eigenartige Überzeugung, dass sich irgendwo irgendetwas endlich erfüllt hat. Und dass die Zeit der Verwandlung schon jetzt beginnen kann.

Ich möchte jetzt gern von einem persönlichen Gefühl erzählen, das sich bei mir so manches Mal eingestellt hat. Aufgrund meines Alters habe ich schon mehrmals am Totenbett von geliebten Menschen gesessen. Von Menschen, deren Stimme, Blick, Empfindsamkeit, Leidenschaften, Zittern und Seufzen, Lachen und Weinen mir eng vertraut waren. Jedes Mal war ich ergriffen von der Kluft zwischen dem einmaligen Wesen der Person und dem vor meinen Augen leblos daliegenden Körper. Zweifellos gehörte dieser mit einem Mal reglose Körper einem Angehörigen, einem Freund, aber ich wusste, dass sein Wesen sich nicht *darauf* beschränkte, dass es bereits unglaublich befreit war, vereint, anderswo. Es war schon auf andere Weise anwesend und noch viel anwesender. Ich dachte an Cocteau, der beim Anblick des pompösen Trauerzugs mit dem Sarg von Giraudoux in einer plötzlichen Eingebung zu seinen Freunden gesagt hatte: «Er ist doch gar nicht da, lasst uns gehen!» Ich dachte auch an den brutalen Tod von Camus, der für alle ein großer Schock war. Viele unter uns kennen diesen scharfsinnigen und leidenschaftlichen Menschen aus seinen Büchern. Er war getrieben von einem unbändigen Wunsch zu leben und einer unstillbaren Suche nach Gerechtigkeit und Solidarität. Die Presse scheute sich damals nicht, uns durch Berichte und Bilder zu zeigen, was aus Camus geworden war: ein Haufen blutiger Fleischfetzen und zertrümmerter Knochen. Ich erinnere mich, wie ein Gefühl der Revolte – ein Wort, das Camus teuer war – mich überwältigte: Was? All seine Menschenwürde, all sein Geistesadel sollten in einem Augenblick zu diesem Haufen Schutt geworden sein? Absurd – ein weiteres Thema, das Camus teuer war – wäre dies in der Tat gewesen. Und ohne die tragischen Umstände hätte es grotesk, ja komisch wirken können. Aber nein, jenseits der Komik oder Tragik unseres unsicheren Daseins, weit jenseits davon gibt es die entscheidende Tatsache des Seins, die heilige Tatsache des Seins. Nichts kann mehr die Existenz jenes Menschen, jener Seele ungeschehen machen. Nichts kann mehr das auslöschen, worin seine Einmaligkeit bestand. Erinnern wir uns an den Satz von Jankélevitch: «Das Leben ist vergänglich, aber die Tatsache, ein vergängliches Leben gelebt zu haben, ist ewig.»

Dennoch bleibt Camus, wie jeder Mensch, der stirbt, ein Geheimnis. Wer ist er eigentlich? Was ist aus ihm geworden? Warum ist er hier gewesen, hat uns dieses einzigartige Gesicht gezeigt und diesen besonderen Namen getragen? Sollte sein Gehirn umsonst gearbeitet haben? Sollte sein Herz umsonst geschlagen haben? Diese Fragen können wir in Bezug auf uns selbst stellen, und erneut stehen wir vor der Wand der letzten Fragen: Woher kommen wir, wer sind wir, wohin gehen wir? Immerhin wirft diese Wand einige Echos zurück. Denn zumindest eines wissen wir, nämlich dass wir aus dem Universum kommen und dass das Universum ganz gelassen daliegt, gewaltig daliegt, was immer auch mit uns geschieht. Was den Rest anbelangt, weiß nur Gott etwas darüber …

Gott? Ah, wie aus Versehen ist das Wort herausgerutscht! Übrigens, ist das einfach ein Wort oder ein Eigenname? In jedem Fall ist es eine zumindest umstrittene Bezeichnung, die bei den einen auf Zustimmung, bei den anderen auf Ablehnung stößt. Ich gebrauche sie nur selten, jedenfalls nie leichtfertig, ich kann sogar völlig auf sie verzichten. Aber in diesem Fall müsste man so ehrlich sein und einen anderen Namen erfinden, um das zu bezeichnen, was sich ereignet hat, was diese Gesetze vorgeschrieben hat, die von Anfang an mit einer verblüffenden Präzision und Komplexität funktionierten und dies auch dauerhaft tun. Unbefriedigend für uns wäre, wie wir bereits gesehen haben, die Vorstellung eines Universums, das ganz von allein entstanden wäre, ohne es zu wissen, und das, ohne irgendetwas von sich selbst zu kennen, fähig gewesen wäre, bewusste, aber vergängliche Wesen wie uns hervorzubringen, die es für einige Sekunden inmitten der Ewigkeit gesehen und erlebt hätten. Damit die Gottesidee für die meisten überhaupt annehmbar wird, wollen wir versuchen, von einem Minimum auszugehen, indem wir es als das definieren, wodurch das Universum und das Leben entstanden sind, als das, wodurch die Bewegung des WEGES gesichert ist.

Kann man in diesem letzten Satz das Pronomen «das» ersetzen durch ein «DEN», also die Idee eines Prinzips durch die eines WESENS? Wir denken hier an einen persönlichen Gott, denn das gewaltige Abenteuer des Lebens hat nicht zu einem Komplex namenloser Entitäten geführt, sondern zu jeder einzelnen Blume, zu jedem einzelnen Insekt, zu jedem Einzelnen von uns, die wir zu Personen geworden sind, bestehend aus einem Körper, einem Geist und einer Seele, und Gott kann für uns nichts Geringeres sein. Wir streben unwillkürlich danach, mit dem OBEN eine Beziehung von Wesen zu WESEN zu pflegen. Ein berechtigtes Streben, denn was könnten wir mit einem neutralen und anonymen Prinzip für eine Beziehung unterhalten? Das chinesische Denken, das als «areligiös» gilt, würde eine solche Beziehung nicht verwerfen. In diesem Denken wird die Vorstellung vertreten, dass dem WEG das *shen*, das Göttliche, innewohnt, aus dem das *shenqi*, der «göttliche Hauch», hervorgeht, oder der *shenming*, der «göttliche Geist». Diese können als eine innerliche Präsenz wahrgenommen werden, mit der man in Verbindung oder in Dialog treten kann. Der große Zhuangzi erwähnt übrigens an fünf Stellen seines Werkes «Den, der alle Dinge gemacht hat», *Zaowuzhe*.

Setzt es uns herab, wenn wir einen Gott annehmen? Im Gegenteil, wenn wir uns in die Bewegung des WEGES einbeziehen, lässt uns das nur größer werden. Rilke hatte das verstanden, er schrieb: «Es ist in mir eine am Ende doch ganz unbeschreibliche Art und Leidenschaft, Gott zu erleben (…) ja, wenn ich zugleich allgemein und wahr sein wollte, so müßte ich gestehen, es sei mir doch, zeitlebens, um nichts anderes zu tun, als in meinem Herzen diejenige Stelle zu entdecken und zu beleben, die mich in Stand setzen würde, in allen Tempeln der Erde mit der gleichen Berechtigung, mit dem gleichen Anschluß an das jeweils dort Größeste anzubeten.»[34]

Wir haben das Bedürfnis, Gott zu benennen, weil wir einen festen Platz in der Ordnung des Lebens einnehmen und über die Begrenzung unseres Daseins, den Tod, nachsinnen. Wir haben das Bedürfnis, mit ihm Zwiesprache zu halten, ihn nach den Möglichkeiten unseres Endes zu befragen. Ist es zu selbstgefällig, uns als Gesprächspartner Gottes zu sehen und sogar anzunehmen, dass er uns möglicherweise dafür erschaffen hat? An dieser Stelle sollten wir auf die Stimme derer hören, die uns an unser Bewusstsein einer Welt erinnern, die sich nach der kopernikanischen Revolution isoliert und verloren darbot. Im Abendland breitete sich Entsetzen aus – wir erinnern uns –, als man entdeckte, dass die Erde nicht das Zentrum des Universums war, nicht Gottes Liebling, sondern nur ein Teilchen des Sonnensystems. Ein Entsetzen, das sich verstärkte, als man erfuhr, dass selbst dieses System nur ein winziges Teilchen einer gewaltigen Galaxis und auch diese nur ein recht belangloses Teilchen eines unermesslichen Komplexes aus Milliarden weiterer Galaxien sei. Wie sollten wir selbst heute noch, wenn wir uns diese Tatsache wirklich bewusst machen, nicht sprachlos darüber sein? Dennoch können wir, nachdem das Staunen abgeklungen ist, uns die Frage stellen: «Wenn die Erde nicht das Zentrum ist, wo liegt es dann?» Für diejenigen, die von der Vision des Dao geprägt sind, dessen Bewegung kreisförmig ist, wo alles miteinander in Verbindung steht und sich gegenseitig hält, kann sich das Universum durchaus in ständiger Ausdehnung befinden, es bleibt weiterhin von einem HAUCH gehalten, der zirkuliert und nicht nachlässt. Wenn eine solche Vorstellung Gültigkeit besitzt, fällt jeder Punkt mit dem GANZEN zusammen. Da, wo es ein offenes Auge und ein schlagendes Herz gibt, da ist das Zentrum.

Noch einmal, wir zweifeln nicht daran, dass wir Teil eines gewaltigen Abenteuers sind, das des LEBENS. Aber wissen wir eigentlich, welche Rolle genau wir in diesem kosmischen Abenteuer spielen? Sind wir womöglich Darsteller in einem Stück, dessen Handlung und Ausgang wir nicht kennen? Wissen wir denn gar nichts darüber? Wahrscheinlich doch ein wenig. Über das Geheimnis des Lebens wissen wir eine ganze Menge! Jeder von uns trägt in sich das, was die Menschheit in sich trägt. Und sie trägt alle extremen Bedingungen des Lebens in sich, das Paradies wie die Hölle, den Gipfel wie den Abgrund, das Streben hin zur höchsten Sphäre und die Fähigkeit zu bodenloser Grausamkeit, Momente göttlichen Glücklichseins und entsetzliche, vom radikal Bösen verursachte Leiden. In der Menschheit hinterlassen alle gescheiterten Bestrebungen und alle unerfüllten Wünsche einen unendlich tiefen Abgrund, den allein die Ewigkeit auffüllen kann. Unsere Wahrheit liegt nicht im Angleichen und Auslöschen, sondern in der Verwandlung und der Verklärung. Wahre Freude werden wir nur finden, wenn wir die Schmerzen und Unzulänglichkeiten annehmen, die uns bedrücken. Wahren Frieden werden wir nur finden, wenn wir die von Verwundungen und Qualen gebrochenen Körper in die Arme schließen. Diesen Preis hat das wahre Leben.

Die Menschheit hat bewundernswerte Persönlichkeiten hervorgebracht, die uns reichlich Wissen und Trost spenden. Sie verkörpern die Größe des Menschen und ziehen uns unablässig aufwärts. Eines Tages hat sich einer von uns erhoben, er machte sich auf zur Unbedingtheit des Lebens, er nahm alle Schmerzen der Welt auf sich, indem er sein Leben gab, so dass selbst die zutiefst Erniedrigten und die aufs Grausamste Gemarterten in ihrer düstersten Verlassenheit sich in ihm wiedererkennen und Zuspruch bei ihm finden können. Wenn er das getan hat, dann nicht, um sich im Leiden zu gefallen: Er hat sich ans Kreuz schlagen lassen, um der Welt zu zeigen, dass die unbedingte Liebe möglich ist, eine Liebe «so stark wie der Tod»,[35] und sogar noch stärker als er, fähig, mit Blick auf die eigenen Henker zu sagen: «Vergib ihnen, denn sie wissen nicht, was sie tun.»[36] Diese an Gott gerichteten Worte richten sich auch an uns, indem sie uns auffordern, an der göttlichen Vergebung teilzuhaben, das menschliche Werden mit dem göttlichen Werden zu vereinen und die Einmaligkeit jedes Wesens mit der Einmaligkeit des SEINS. Der so spricht, lässt den Tunnel des Lebens ins OFFENE münden. In ihm beweist der Tod nicht mehr allein die Unbedingtheit des Lebens, sondern auch die Unbedingtheit der Liebe. In ihm nimmt der Tod eine andere Natur und eine andere Dimension an: Er wird zu der Öffnung, durch die der unendliche Hauch der Verklärung strömt.

Ja, in ihm hat sich der Tod zur wahren Geburt gewandelt. Und das hat sich auf unserer Erde ereignet, in einem ganz entscheidenden Moment unserer Menschheitsgeschichte. Niemand ist je so weit gegangen. Welcher Überzeugung man im Einzelnen auch sein mag, jeder kann das Christusgeschehen als eines der denkwürdigsten Ereignisse anerkennen, die unser Bewusstsein bis heute grundlegend verändert haben.

Viele sind sich in diesem Punkt einig, sogar unter den Atheisten oder Agnostikern. Aber was können wir über Gott sagen? Was können wir ihm sagen? Wenn es darum geht, *über ihn* zu reden, müssen wir da nicht schon angesichts der Nichtigkeit jeglicher Äußerungen zu einem so weitreichenden Thema sofort verstummen? Und wenn es darum geht, *mit ihm* zu reden, kommt man da nicht sehr schnell auf Vorwürfe wie: Warum hat er eine so schlecht gemachte Welt erschaffen? Warum hat er die Verwüstungen des Bösen geduldet? Warum bleibt er stumm angesichts der empörenden Tatsache unschuldigen Leidens? Warum diese Passivität, die ganz nach Gleichgültigkeit aussieht? ... Lauter drängende Fragen, auf die wir keine Antwort erhalten. Gott bleibt tatsächlich stumm. Vielleicht ist er dazu verpflichtet.

Ich schlage vor, dass wir an dieser Stelle die gleiche Anstrengung unternehmen wie in der ersten Meditation: unsere Position zu wechseln, unsere Perspektive umzukehren. Anstatt einen dem SCHÖPFER entgegengesetzten Standpunkt einzunehmen und sich ihm als Rebellierende oder Bittsteller zu nähern, wollen wir uns auf die Seite des SCHÖPFERS begeben und uns vorstellen, was möglich ist. Eine befremdliche Kühnheit, wenn nicht gar ein Sakrileg. Aber wir haben keine andere Möglichkeit als diese Umkehrung, die durchaus hilfreich sein kann, um hier etwas mehr Klarsicht zu gewinnen und zu begreifen, wie Teilhard de Chardin schrieb, dass «die Schöpfung für den Allmächtigen keine Kleinigkeit, keine Vergnügung ist. Sie ist ein Abenteuer, ein Risiko, eine Schlacht, auf die er sich ganz und gar einlässt».

Da es um die Entstehung des Lebens ging, muss der SCHÖPFER von Anfang an vor einem Dilemma gestanden haben. Genau wie wir hätte er sich eine vollkommene Welt gewünscht. Dafür brauchte er nur eine Gruppe vollkommen gehorsamer Wesen zu erschaffen, eine Art Roboter. Er hebt den Stab, und alle stehen auf. Er senkt den Stab, und alle legen sich nieder. Aber dann wären wir nicht mehr in der Ordnung des Lebens, und für ihn wäre das vollkommen unbefriedigend. Damit die Lebewesen Bewusstsein erlangten, und zwar in dem Maße, dass sie das erschaffene Universum kennenlernen und mit dem SCHÖPFER Zwiesprache halten konnten, mussten sie zunächst über Intelligenz und Freiheit verfügen. Eine unerlässliche Bedingung, wenn die SCHÖPFUNG vom Prinzip der Liebe beseelt sein sollte.

Sogleich tauchte ein Problem auf, das den Prozess des Lebens in ein Drama verwandelte: das Problem des radikal Bösen, wie wir es in der vorangegangenen Meditation betrachtet haben. Wenn der mit Intelligenz und Freiheit begabte Mensch vom Willen zu Besitz und Herrschaft getrieben wird, ist er in der Lage, alles ins Gegenteil zu verkehren. Er verursacht dann unerhörtes Leid und droht, die Ordnung des Lebens selbst zu zerstören. Könnte Gott in Anbetracht dieser Lage nicht von Zeit zu Zeit eingreifen, also die Missstände mit Hilfe von Salben und Pflastern lindern oder sie durch Hiebe mit dem Lineal oder einer Keule korrigieren? Natürlich nicht. Wenn Gott derjenige ist, der für die Bewegung des WEGES sorgt, kann er sich keine Launen erlauben. Die wahre SCHÖPFUNG ist eine vollständige GABE, ohne Vorbehalte; sie lässt sich nicht häppchenweise in kleinen, improvisierten Ergänzungen vollziehen. Die Konfuzianer erklären unter Berufung auf ihren Meister in dem *Buch von Mitte und Maß*: «Der Weg des Himmels ist beständig und verlässlich, er verfälscht nicht und verrät nicht. So weiß der menschliche Weg, woran er sich halten kann.»

Aus dieser Sicht wird die Entwicklung des Lebens zu einem gewaltigen Abenteuer, voller bemerkenswerter Erfolge und unvorhersehbarer Gefahren. Ein

Abenteuer sowohl für die Menschen als auch für Gott. Genauer gesagt wird das Abenteuer der Menschen geradezu zum Abenteuer Gottes: Würden die Menschen scheitern, wäre das eine Niederlage für ihn. Dieser Gott, durch den das Leben erschienen ist, der die Bewegung des WEGES sicherstellt, ist nicht derjenige, der sich damit begnügt hat, am Anfang kurz mit dem Finger zu schnippen, um die Geschichte in Gang zu setzen, wie Pascal über den Gott bei Descartes sagte. Nein, er ist der zukünftige Gott, der unablässig erscheinen wird, wie Moses es aus seinem Mund hören konnte: «Ich werde sein, der ich sein werde.»[37] Das menschliche Werden ist Teil seines Abenteuers, er ist also selbst im Werden begriffen.

Genauer gesagt ist der zukünftige Gott gleichzeitig ein Gott des Erinnerns. Denn die wahre Zukunft ist die Verwandlung der gesamten erlebten Vergangenheit. Auf diese Weise bilden übrigens das, was erschienen ist, und das, was erscheinen wird, eine ewige Gegenwart. Ohne etwas zu vergessen, wird Gott alles begleiten, alles sammeln, um am Ende alles zu verwandeln. Das hatte auch Proust auf seine ganz menschliche Art begriffen, als er *Auf der Suche nach der verlorenen Zeit* schrieb. Am Ende seines Buches und seines Lebens sagte er in Zusammenhang mit dem Tod von Bergotte: «Tot für immer? Wer kann das sagen? (...) Man kann nur sagen, dass alles in unserem Leben so geschieht, als beträten wir es mit der Bürde in einem vorigen Leben eingegangener Verpflichtungen: in unseren Lebensumständen auf dieser Erde gibt es keinerlei Anlass, uns verpflichtet zu glauben, Gutes zu tun, einfühlsam zu sein, ja höflich zu sein, noch für den atheistischen Künstler, sich verpflichtet zu glauben, zwanzig Mal ein Werk neu zu beginnen, dessen zukünftige Bewunderung seinem von den Würmern zerfressenen Leib wenig bedeuten wird, wie etwa jenes gelbe Mauerstück, das mit so viel Fertigkeit und Feinheit ein auf ewig unbekannter, kaum unter dem Namen Ver Meer identifizierter Künstler gemalt hat. All diese Verpflichtungen, die im jetzigen Leben keine Billigung erfahren, scheinen einer anderen, auf Güte, auf Gewissenhaftigkeit, auf Hingabe gründenden Welt anzugehören, einer Welt, die so ganz anders ist als diese, aber aus der wir kommen, um auf dieser Erde geboren zu werden, bevor wir vielleicht dorthin zurückkehren, um wieder unter der Herrschaft jener unbekannten Gesetze zu leben, denen wir gehorcht haben, denn wir trugen ihre Lehre in uns, ohne zu wissen, wer sie dort eingeschrieben hatte (...)»[38]

Welcher Art auch immer seine Sorge und sein Bemühen um uns sein mag, der unendlich gegenwärtige Gott des Erinnerns schweigt sich noch aus. Bis auf Widerruf muss er das im Wandel befindliche Universum seinem dynamischen Lauf bis ans Ende folgen lassen. Eine Verklärung kann erst stattfinden, wenn alles gegeben ist. In diesem Sinne kann man sagen, dass Gott, zum Schweigen verpflichtet, auf seine Art «fragil» ist. Darum hören wir Menschen, tief aus dem vom radikal Bösen gegrabenen Abgrund, die liebe Stimme von Etty Hillesum, eine schwache und doch so hellsichtige, so entschlossene Stimme: «Es sind schlimme Zeiten, mein Gott. Heute Nacht geschah es zum ersten Mal, dass ich mit brennenden Augen schlaflos im Dunkeln lag und viele Bilder menschlichen Leidens an mir vorbeizogen. Ich verspreche dir etwas, Gott, nur eine Kleinigkeit: Ich will meine Sorgen um die Zukunft nicht als beschwerende Gewichte an den jeweiligen Tag hängen, aber dazu braucht man eine gewisse Übung. (...) Ich will dir helfen, Gott, dass du mich nicht verlässt, aber ich kann mich von vornherein für nichts verbürgen. Nur dies eine wird mir immer deutlicher: dass du uns nicht helfen kannst, sondern dass wir dir helfen müssen, und dadurch helfen wir uns letzten Endes selbst.»[39] Worte, die wie eine Erwiderung auf das berühmte Gedicht Rilkes wirken, den Etty mit Begeisterung las:

Was wirst du tun, Gott, wenn ich sterbe?
Ich bin dein Krug (wenn ich zerscherbe?)
Ich bin dein Trank (wenn ich verderbe?)
Bin dein Gewand und dein Gewerbe,
mit mir verlierst du deinen Sinn. (...)[40]

Ein außergewöhnliches gemeinsames Abenteuer, das einzige, das wirklich von Wert ist, denn ohne es, das sei hier wiederholt, wäre die ganze Pracht des Universums vergebens. Ja, es gibt nur ein einziges Abenteuer, das aus aller Ewigkeit kommen musste und das auf alle Ewigkeit weitergehen muss. Auf welche Weise? Durch eine unbegrenzte Verlängerung desselben Befehls? Alle haben wir, wie Rimbaud, zu irgendeinem Zeitpunkt unseres Lebens ausgerufen: «Das wahre Leben ist abwesend!» Etwas Derartiges muss auch Gott angesichts all unserer Misserfolge ausgerufen haben. Das wahre Leben, das ist der nicht zu unterdrückende Wunsch nach Leben, das ist die grenzenlose Begeisterung für das Leben, das ist die unstillbare Sehnsucht nach einem Leben ohne Schranken. Den Prozess des Lebens in die höhere Ordnung des wahren Lebens zu verwandeln, diese Notwendigkeit wird sich als etwas Offensichtliches durchsetzen. Wir, die wir für die gesamte Erfahrung des hiesigen Lebens Verantwortung tragen, wollen es, aber können es nicht. Er, der das Universum und das Leben erscheinen ließ, kann es, wenn er es will. Erinnern wir in diesem Zusammenhang daran, dass Laozi im *Buch vom Weg und seiner Wirkung* erklärt: «Kein Gehen ohne Rückkehr», ein Satz, der bedeutet, dass die Kraft, die etwas hervorzubringen vermag, auch die Fähigkeit besitzt, alles zu ernten.

Wie wird er das bewerkstelligen? Wird er eine

neue Generation unbekannter Wesen erschaffen müssen, die weder das Leiden noch den Tod kennen und die das Leben nicht als eine unglaubliche Gabe auffassen, sondern als eine einfache Gegebenheit, die ihnen zusteht? Wir haben den Nicht-Wert einer solchen falschen Wirklichkeit während unserer ersten Meditation festgestellt. Damit die Ordnung des wahren Lebens zum Vorschein kommt, wird Gott nicht weniger als die gesamte, von der Menschheit auf dieser Erde erlebte Erfahrung benötigen. Er wird all die benötigen, die hier unten ein Leben durchwandert haben, die durch den Tod gegangen sind und allen Durst und Hunger, alle Verwundungen und Unzulänglichkeiten, all die grenzenlose Begeisterung für das wahre Leben in sich tragen. In all den Prüfungen unerfüllter Liebe haben ihre Seelen die Gaben des Körpers und des Geistes in sich aufgenommen. Einmal zu Seelen geworden, sind sie endlich frei und fähig, das wahre Leben zu leben. Dann erklingt erneut die sichere Eingebung des Dichters: «Die Erde ist ein Tal, in dem die Seelen wachsen.»

Ja, es gibt nur ein einziges Abenteuer, und wenn jeder von uns nur ein einziges Leben hat, ist das ganze LEBEN eins. Die Tatsache, gewesen zu sein, ist ewig, denn das ist Teil des erhabenen Versprechens: «Ich werde sein, der ich sein werde.»

Fünfte Meditation

Einige hier aufgenommene und überarbeitete Gedichte sind in den folgenden Gedichtsammlungen enthalten:

Cantos toscans, Draguignan 1999; *Qui dira notre nuit*, Paris 2003; *Le Livre du Vide médian*, Paris 2004, Neuauflage 2009.

Die Bäume des unendlichen Leids,
Die Wolken der unendlichen Freude,
Geben sich manchmal Lebenszeichen,
Am Saume des weiten Sommers.

Die Lerchen streifen darüber hinweg
Ohne etwas von ihren Worten zu erhaschen,
Allein eine Quelle wird sie aufhalten
Um die Toten trinken zu lassen.

Aber was gelebt worden ist,
wird geträumt werden,
Und was geträumt worden ist,
erneut gelebt.

Wir werden nicht zu viel haben an einer langen Nacht,

Um die Äste zu verbrennen, die herabfielen
ohne unser Wissen,
Um einzufahren den bleibenden Geruch
der Rauchschwaden.

Möge aus dem anderen Reich zu uns zurückkehren,
Was wir verloren glaubten, mögen zurückkehren,
Die nichts sagten, als sie sich entfernten,
Ihr stummer Schrei sei unser täglich Brot,
Möge als ein Ganzes zurückkehren der schneidende Riss:
Biss und Gewissensbiss hängen eng zusammen,

Schmerz und Sanftmut helfen sich Schulter an Schulter.

Folgen dem Fisch, folgen dem Vogel.
Wenn du ihr Dahingleiten beneidest, folge ihnen
Bis ans Ende. Folgen ihrem Flug, folgen
Ihrem Schwimmen, bis du
Nichts wirst. Nichts als das Blau, aus dem eines Tages
Die glühende Verwandlung hervorging,

Der Wunsch zu schwimmen, zu fliegen.

Der Tod ist keineswegs unser Ende,
Denn größer als wir
Ist unser Wunsch, der sich verbindet
Mit dem Wunsch des Anfangs,
Wunsch nach Leben.

Der Tod ist keineswegs unser Ende,
Aber er macht alles hier einmalig:
Diese Tautropfen, die die Blumen des Tages öffnen,
Diesen Sonnenstreich, der die Landschaft erhaben macht,
Dieses Aufblitzen eines flüchtigen Blickes,
Und das Aufleuchten des Spätherbsts,
Diesen Duft, der anstürmt und vorbeizieht, ungefasst,
Dieses Murmeln, das Wörter aus der Kindheit wiedererweckt,
Diese Stunden, überstrahlt von Lebehochs und Hallelujas,
Diese Stunden überwuchert von Stille, von Abwesenheit,
Diesen Durst, der nie gelöscht werden wird,
Und den Hunger, dessen einziges Ende die Unendlichkeit ist …

Treuer Begleiter, zwingt uns der Tod
Ohne Unterlass in uns zu graben,
Um dort Traum und Erinnerung zu bergen,
Auf immer in uns zu graben
Den Tunnel, der ins Freie führt.

Er ist keineswegs unser Ende.
Die Grenze setzend,
Bedeutet er uns die äußerste
Forderung des Lebens,
Diejenige die gibt, erhebt,
überbordet und übersteigt.

Sich herabneigen bis zum Humus, wo sich mischen
Tränen und Tautropfen, vergossenes Blut
Und unversehrte Quelle, wo die gemarterten Körper
den sanften Lehm wiederfinden,
Humus, bereit, Schrecken und Schmerzen zu
empfangen,
Damit alles ein Ende hat und dennoch
nichts verloren geht.

Sich herabneigen bis zum Humus, wo weilt
Das Versprechen des uranfänglichen Hauchs. Einziger
Ort
Der Verwandlung, wo Schrecken und Schmerzen
Sich als Frieden und Stille entpuppen. Dann vereinen
sich
Verwesen und Wesen, nunmehr ein reiner Reim, ein
Keim.
Ort der Wahl: der Todesweg führt ins Nichts,
Der Lebensdrang führt ins Leben. Ja, das Wunder hat
statt,
Damit alles ein Ende hat und dennoch
jedes Ende Geburt sein kann.

Sich herabneigen zum Humus, einwilligen,
Selbst Humus zu sein, vereinen das selbst getragene
Leiden mit dem Leiden der Welt, vereinen
Die Stimmen, verstummt im Vogelsang, die Knochen
vereist
im Geläut der Schneeglöckchen!

Wenn der Engel ein Zeichen gibt,
Wissen wir, das Doppelreich ist vereint,
Und zieht der stürmische Wind von Ende zu Ende
Über das ganze Erdenrund,
Erreichen die Worte von hier endlich das andere Gestade.

Was zu leben ist und was schon gelebt,
Was zur Freude drängt und was leidet
Eint sich zur Gegenwart in Trauer und Warten,
Der Stillstand der Zeit
Ist nur noch verborgene Wandlung.

Das Wasser des Flusses verdunstet zur Wolke,
fällt nieder
Als Regen, nährt wieder, unsichtbar,
Den Strom der ewigen Wiederkehr,
Wieder begegnen uns geschundene Gesichter,
erstickte Stimmen,
Die Atem und Blut verklären.

Das Unausgesprochene und das Unerfüllte mischen sich
mit dem Unerwarteten, mit dem Unverhofften,
Fließen hier zusammen, werden Fontäne des
Augenblicks,
Die fortan alles aufgreift, alles erhebt,
Unerschöpflich entspringend.

Wenn der Engel ein Zeichen gibt,
Wissen wir, dass was aus uns entstanden ist,
Immer wieder und wieder erscheint,
Vor uns, ohne unser Wissen,
Überholt es uns plötzlich und rettet uns.

Manchmal sind die Abwesenden da
Noch viel mehr da
Und mischen in das menschliche Sagen
In das menschliche Lachen
Diesen tiefen Ernst
Den allein
Sie bewahren werden können
Den allein
Sie zerstreuen werden können
Zu sehr da
Bewahren sie noch Stillschweigen.

Vergiss nicht die auf dem Grunde des Abgrunds,
Ohne Feuer, Lampe, tröstende Wange,
Helfende Hand … Vergiss sie nicht,
Denn sie erinnern die Blitze der Kindheit,
den Glanz der Jugend – das Leben im Widerhall
der Fontänen, in den Sprüngen des Winds –, wo sollen sie hin

Wenn du sie vergisst, du, Gott des Erinnerns?

an einen Baum

Du, ewiges Ersprießen

Ausbreitend von Welle zu Welle
Deinen Schatten spendenden Atem
Auf alles Erschaffene, das strömt auf dich zu

Manchmal grüßt du
Dort drüben
Den angenagelten, reglosen Mann

Den Mann, lehrend und leidend,
Der unermüdlich
Deinem Beispiel folgend
Neues Leben gibt

Dem toten Holz

Rede zu uns,
Damit nichts mehr verloren geht,
Weder der die Kiefern sengende Blitz,
Noch der die Grillen wärmende Lehm.

Höre uns an,
Damit unsere Stimmen, mit deiner vereint,
Dem Ruhm eines kurzen Sommers entsprungen,
Endlich das Königreich gründen.

Da alles, was Leben ist,
Sich verbindet,
Werden wir uns fügen
Der Flut, die den Mond mitnimmt,
Dem Mond, der die Flut zurückbringt,
Den Verstorbenen, ohne die wir nicht wären,
Den Überlebenden, ohne die wir nicht wären,
Den ungehörten Rufen, die verklingen,
Den stummen Schreien, die fortdauern,
Den Blicken, versteinert von Schrecken,
An deren Ende ein Kinderlied wiederkehrt,
Dem, was zurückkehrt und nicht mehr fortgeht,
Dem, was zurückkehrt und im Dunkel vergeht,
Jedem in der Nacht verlorenen Stern,
Jeder in der Nacht getrockneten Träne,
Jeder Nacht eines Lebens,
Jeder Minute
Einer einmaligen Nacht,
In der sich versammelt
Alles was sich verbindet,
Dem Leben ohne Vergessen,
Dem aufgehobenen Tod.

Hier sind wir im Abgrund,
Du bleibst sein Rätsel.

Sagst du ein einziges Wort,
Werden wir gerettet sein,

Doch noch bleibst du stumm,
Bis ans Ende scheinst du taub.

Unsere Herzen zu verhärtet,
Das Grauen in uns bodenlos.

Käme er etwa von uns,
Ein Schimmer der Sanftmut?

Sagen wir ein Wort,
Wirst du gerettet sein.

Noch bleiben wir stumm,
Bis ans Ende bleiben wir taub.

Hier bist du im Abgrund,
Wir sind sein Rätsel.

Also ist die Zeit gekommen, Herr;
Das Leben zu betrachten
Aus deiner Sicht, nicht aus unserer.
Begleite uns bis ans Ende,
Damit alles Gold gerettet wird.
Aber du, der von uns Verlorene,

Wirst du rechtzeitig kommen, Herr?

Nacht, Mutter der Lichter,
In ihrem Schoße Licht ist.

Schon Blut, schon Milch,
Schon zerrissenes Fleisch,

Schon Weg der Zärtlichkeit,
Schon Weg des Schmerzes,

Schon bereit zu sterben,
Aber immer wieder auferstehend,

Schon letztes Auflodern,
Aber immer

erster Entwurf.

Und doch bleibt uns noch zu feiern,
wie du es tust,
Feiern was, uns entsprossen,
noch dem offenen Leben zustrebt,
Was, aus dem geschundenen Fleisch, nach Erinnerung schreit,
Was, aus dem vergossenen Blut, nach Gerechtigkeit schreit,
Der einzige Weg, in Wahrheit, auf dem wir noch
die Leidenden und die Toten ehren könnten.

Jeder von uns ist Endlichkeit
Das Unendliche ist, was aus uns entsteht
gemacht aus Unerwartetem und Unverhofftem
Feiern das Jenseits des Verlangens, das Jenseits des Selbst
Der einzige Weg, in Wahrheit, auf dem wir noch
das anfängliche Versprechen halten könnten.
Feiern die Frucht, mehr als die Frucht selbst aber
ihren unendlichen Geschmack
Feiern das Wort, mehr als das Wort selbst aber
seinen unendlichen Widerhall

Feiern den Morgen der neu erfundenen Namen
Feiern den Abend der gewechselten Blicke
Feiern die Nacht im ausgezehrten Antlitz
Der Sterbenden, die nichts mehr erhoffen,
aber die alles von uns erwarten
In uns das Auf-immer-Verlorene
Das wir als Gabe zurückzugeben suchen
Der einzige Weg, auf dem das Leben sich ohne Ende
mit offenen Händen darbieten wird.

Wenn plötzlich der Gesang des Pirols verstummt,
Ist der Raum voller Dinge, die sterben.
Ein langer Wasserstrahl stürzt herab
Und öffnet die Felsen der Tiefe;
Das Tal hört sich zu und vernimmt das Echo
Uralter Herzschläge.

Diesen Weg, den eines Nachts
wir gegangen sind
Wirst du fortsetzen
Kind meines Blickes
Jenseits des Waldes
schlummert vielleicht ein Teich
Oder ein unsteter Strand
im Spiel hoher Wogen

Diesen gestirnten Weg
wirst du fortsetzen
Trotz Wind und Tau
Kind meiner Erinnerung
Auf dieser Seite hat der Herbst
sein Geheimnis vergraben
In dir entfliegt die Zeit
den Rufen der Wildgänse hörig

Elegie von Lerici

An Shelley

Jetzt sind wir endlich vereint. Denn niemals
Hab ich deinen fernen Ruf vergessen,
Mir zugeworfen über die entfesselten Fluten,
Vernommen eines Tages tief unten
In einem chinesischen Tal ... Oh, Wunder
Des Schicksals! Ich entdecke mich hier, an diesem Ort
Deines Abschieds, deine Stimme plötzlich ganz nah
Dem Herzen, dem Körper: Sonnenbrand,
Der noch immer brennt, oder leises Flüstern, ganz sanft.
Ja, jetzt sind wir vereint, ich, der überwand
Die Schranken des Raums und die Zyklen der Zeit,
Du, der am Ende der Irrfahrt hier hinterließ
Seine einzigartige Spur. Weiße Anwesenheit
Dieses Tempels des Gesangs, dahinter der Hügel Hang
Das Meer überragend. Unwandelbares Weiß
Dennoch sich wandelnd: edles Diadem
Im Feuer der Abendsonne, riesiges Gestirn
Im Herzen der weiten Sternennacht.

Nacht, Nacht, grenzenlose Finsternis. Was weiß sie
Vom Geheimnis des Lichts? Was sieht sie voraus
Für die Sonne und den Planeten Erde? Und du,
Was hast du davon erspäht, du, der auserkorene Seher,
Der Kundschafter unseres wahnwitzigen Abenteuers?
Staub inmitten von Staub, Eitelkeit
Der Eitelkeiten? Eitel, die Abgründe, über die
Wir uns gebeugt haben? Eitel, die Gipfel,
Nach denen wir strebten? Eitel,
Unser Trotz gegen die Tyranneien, unser Entsetzen
Vor den Grausamkeiten der Menschen? Eitel selbst
Diese Momente von Ekstase, die wir raubten
Dem kreisenden rhythmischen Hauch? Gibt es
Eine andere Heimat als die irdische Heimstatt?
Eine andere Hölle als unsere Erde?

O du, der empfindet, sag uns, was du kennst.
Sag uns, bis in welche Tiefe des Grauens
Der Mensch fähig ist zu graben. Bis ins
Bodenlose? Da das Vergessen nicht mehr geboten,
Bereitet der Tod selbst dem nicht ein Ende?
Du, der gelebt hat von Suche zu Suche und zu Tode kam
Durch die entfesselten Wogen, diese hohen Wogen,
Die nur auf dieser unvergleichlichen Weltkugel tosen,
Sag uns, was du erfahren hast über sein Schicksal.

Geschlossener Ort der Verdammnis in einem unendlichen
Kosmos? Ort des Experimentierens ohne Ende
Für den Geist des Bösen? Erde unsere, schwarzer Stern!
Was bevölkerte wohl vor zwei Jahrhunderten
Deine Traumwelt? Löwenarena, wo das lebendige Fleisch,
Getragen von Hochrufen, sich zerreißen ließ
In Fetzen; Folterkammer und Scheiterhaufen,
Wo das lebendige Fleisch, stumm vom Schreien, sich verzehrte
Unter dem Brandeisen oder in den Flammen; Schlachtfeld,
Wo, den Bajonetten ausgeliefert, dasselbe Fleisch
Aufgeschlitzt wurde bis auf die Knochen und vorgeworfen
Den Raben zum Fraß. Die Menschheit im Fortschrittswahn
Schreitet wahrlich zu häufig ins Grauen voran!
Was wir nach dir bezeugen können:
Zu den aufgeschlitzten schwangeren Frauen, deren Babys
In die Luft geschleudert wurden, zu den Männern, gezwungen,
Ihr Grab zu schaufeln, um lebendig begraben zu werden, gesellen sich
Die namenlosen Opfer der modernen Ungeheuer,
Splitterbomben, Neutronenbomben … immer grandioser,

Chemische Waffen, biologische Waffen … immer
subtiler,
Viehwaggons, die jedes menschliche Gesicht
zertrümmern,
Todesfabriken, die Seelen und Körper in Asche
verwandeln.
Staub inmitten von Staub, Eitelkeit
Der Eitelkeiten? Ist uns das Vergessen noch erlaubt?
Kann der Tod uns noch als Ende dienen?
Wir sind Söhne der Verdammten, wir sind
Söhne der Märtyrer! Ihr Durst, ihr Hunger
Sind unser. Ihr kaum unterdrücktes Schluchzen
Ist unser. Danken ihnen atmen wir
Den Frühling ein, den ewigen Sommer aus,
Dank ihnen leben wir hier das Leben, suchen hier
Noch nach den womöglich vergrabenen Jadesteinen.

Stellen wir uns unermüdlich die aufeinander folgenden
Fragen:
Der Mensch, vom radikal Bösen gepeinigt, diesem
Bösen,
Das seiner Erfindungsgabe entspringt, die nichts
bremst,
Kann er, ohne sich zu schämen, behaupten, das Maß
Aller Dinge zu sein? Ist er nicht vielmehr imstande,
Die Ordnung des Lebens selbst zu zerstören?
Ist es nicht an der Zeit, dass er wieder gefälliger wird,

mehr im Einklang mit seiner ersten Berufung, und diese
mehr im Einklang mit der Gesamtheit des Universums,
Dessen Erscheinen, die Ahnen haben es gesehen,
Eine Herrlichkeit war? Ist es nicht an der Zeit für ihn,
erneut
Die unvorstellbare Gabe der Schenkung zu feiern?
Das prometheische Feuer bleibt noch immer lebendig,
aber auch der Weg Christi bleibt seinerseits offen.

Ja, das Gute wiederfinden, das verloren war,
Der nackten Wahrheit ins Auge sehen, und damit
Die sichere Schönheit ins Auge fassen. Denn du warst
Ariel,
Du warst Lerche. Gefallener Engel oder gebürtiger
Daimon,
Warst du Nostalgie? Warst du Prophetie?
Mehr als ein Mensch in der Gedanken Gang, warst du
nicht
Mensch im Einklang mit einem unerhörten Gesang?
Mehr als ein Dieb des Feuers warst du Träger
Von Funken, die zur Erleuchtung führten.
Die Grubenlampe an der Stirn, wurdest du
Zum Stöberer der Zauber dieser Welt:
Sternenzelt, glänzendes Azaleenfeld,
Weibliche Anmut verborgen in Hügelkurven
Wasser eines Sees verwandelt in Wolkendunst
Und Kinderlachen in Lächeln Liebender,

Hitzige Verfolgungsjagd eines zu fernen Gesichts,
Durstiges Flüstern, das ein Kuss beschließt …
Dann, je tiefer du die Trauer durchdrangst,
Warfen manch andere Schönheiten dich nieder:
Edler und würdiger Blick vor dem unerbittlichen Schwert,
Gemarterter Leib, den die zärtlichen Hände auferwecken.

Seltsames Versprechen dieser namenlosen Erde!
Du, freier Geist, irrend von Ort zu Ort,
Du landest eines Tages an diesem Punkt des Globus,
Auf den Höhen der Apenninen.
Vor deinen Augen breitet sich aus, bis an den äußersten Horizont,
Das lang ersehnte mediterrane Wiegengrab.
Es mit deiner ganzen wachen Seele sinnend betrachtend,
Erahnst du darin die schlafenden Götter und rufst begeistert aus:
«Dank sei dieser Stunde, dem Boden hier;
Dank sei unserem Leib, den das Empfundene durchfährt.
Die Dauer eines Blitzes – aber in welch entlegenem Winkel
Inmitten der überwältigenden Sternenunermesslichkeit?
Aufblitzen dieses winzigen Herzens, das da schlägt,
An diesem Nachmittag einer Sommersonnenwende …
Dank sei dem Wunder, das bewirkt, dass dies ist.
Es ist! Dieses unwahrscheinliche und unleugbare Leben,
Ein für alle Mal – also für immer –

Geschenkt. An diesem ursprünglichen Ort erneuert
Das Licht sein Erscheinen. Seinem sepiafarbenen
Schatten
Entströmen Goldgelb und Saphirblau. Aufsteigen
Dann aus dem Humus die Düfte von Flechten
Und Gräsern, kühlend die heißen Felsen mit
Ihren kaum erloschenen Lavaströmen. Dann entfalten
sich
Die heimlichen Verlangen zu Summen, Dröhnen.
Alle Lebenden, die der Zufall vereint – jeder einmalig,
Eintretende Anwesenheit – erweisen sich als notwendig
Für die Schönheit dieses Augenblicks. O denkwürdige
Hochzeit
Der gewundenen Wurzeln und des schwebenden Nebels,
Des stockenden Pirolgesangs und des steten Wasserfall-
rauschens!
– Wer ist da, unsichtbar, lauschend, sich dem Blick
darbietend
Beim Stelldichein mit dem Fleischgewordenen? – Hier,
hier,
Der Blütenduft in den Bienenwaben, zertreten von
Den Sprüngen einer Hindin, die Meeresbrise auf
Elfenflügeln, von Tannen in den Himmel erhoben …»

Dort drüben, tief unten, öffnet eine geheime Bucht
Ihre liebenden Arme mit lockender Geste.
Du vernimmst die Stimme der Wogen, sie spricht

Zu deinem Innersten: «Ziellose Seele, gönne dir
Eine Atempause, sei hier zu Gast, mache das Hier
Zu deinem Aufenthalt. Denn es ist für deinen Traum,
Falls dein Herz sich dessen würdig zeigt, dass all dies
Gemacht worden ist.» Gehorsam erhebst du dich und
Gehst hinunter zur Bucht, zu deinem letzten Verweilen,
Das sich auf immer mit der Gegenwart vereinen wird.
Ach, komme die Morgenröte und das Meer, bezaubert,
Voller Erwartung; du wirfst dich hinein, getragen
Von der Helle des Morgens der Welt.
Komme das Abendrot und das Meer, erobert,
Als Opfergabe; du wirfst dich hinein, ausgeliefert
Dem Glanz aller jenseitigen Welten.
Eine liebende Frau wird das Meer, wenn es anzieht
Der Vollmond; gewiegt von dem schlanken Nachen,
Entzücken deine Worte die verliebten Seelen.
Verweilen der Götter? Verweilen der Menschen!
Gemeinsam
Lachend und weinend mit den Fischern aus der
Umgebung,
Unter der brütenden Sonne, vergisst du mitnichten
All die Verdammten deiner früheren Heimat,
Ihre feuchten Gassen, ihre modrigen Verliese …
Doch wie könntest du leugnen, dass die Schönheit
statthat?
Nichts kann mehr bewirken, dass sie ihre Pracht
verleugnet.
Ihr Schwung setzt sich fort; wir selbst wandeln uns,

Staub inmitten von Staub, Eitelkeit
Der Eitelkeiten? Woher also kommt die unstillbare
Erregung? Woher das quälende Entsetzen?
Verloren in der Unermesslichkeit, durch welche Magie
Hat für die Dauer eines Blitzes dieses menschgewordene
Staubkorn gesehen, gehört, sich erregt, sich gewandelt
In Sprache, in Austausch, in lange Gesänge
Der Revolte, der Pein, der Lobpreisung?
Singen, das ist es! Ist Singen nicht
Widerhall? Wessen Widerhall, wenn nicht der des
Seins?
Singen, wirklich singen, ist Sich-Erheben.
Zum unaufhörlichen Ruf des Seins, das ist sein!
Wären wir womöglich dieses Kosmos'
Schlagendes Herz und waches Auge?
Dem Hauch folgend, immer höher, lichter,
Ungeachtet der Grenzen, gelangen unsere
Antwortgesänge
Auf den Ruf, beladen mit so vielen ungestillten
Verlangen,
Bis an die Ränder der Ewigkeit.

Verweilen der Götter? Verweilen der Menschen! O ja,
Die wahre Schönheit, zum Glorienschein aufgestiegen,
Wird unaufhörlich erstrahlen
Und ihr Emporstreben wird nicht erlahmen. Allein wir,
Unverbesserliche Sucher, wir verschwinden.

Du, auf dem Gipfel des Glücks, siehst sehr wohl:
Auch wenn das Meer wohlwollend das Land verschont,
Das in aller Bescheidenheit es zu empfangen weiß,
Verzichtet es im Übrigen doch keineswegs
Auf seine Fähigkeit zum Sturm. Es ist am Menschen,
Das richtige Maß zu lernen, es ist an ihm,
Einzuwilligen in das Wenige, das Flüchtige, das
Einmalige.
Der Weg des Schmerzes führt zur inneren Stimme,
Die Pein des Bedauerns zu den Schreien der Eingeweide.
Nach dem einst von dir verschuldeten Tod einer jungen
Frau,
Und der Trauer um deinen Freund, hast du verstanden,
Dass sich in dir Orpheus' Gesang hatte erfüllt.
Trotz der Gewalt des letzten Entreißens,
Trotz des Schauderns im Augenblick
Der Prüfung, scheint dir, dem Sterben
Plötzlich nachzugeben, letzten Endes, angemessen.

«Ausgestreckt liege ich hier auf dem Scheiterhaufen,
Mit starren Gliedern, nassem Haar, im Duft des Sandes
Und der Algen. O ihr Lieben, die ihr mich umringt,
Erschrickt nicht, grämt euch nicht,
Lasst euch nicht länger von den Tränen ersticken!
Verlasst diesen Körper, der gerade verschlungen wird
Vom Feuer. Sind die Verlangen, die wir in uns tragen,
Nicht größer als wir? So groß sind sie,

Dass sie zum ursprünglichen Verlangen zurückkehren,
durch das
Das Licht ward. Lasst denn meine Flamme
Emporsteigen und die Nacht zerreißen, die freundlich
Öffnet die Milchstraße
Der Verklärung.»

Lass an diesem Ort, Vorüberziehender,
Weder die Schätze deines Körpers
Noch die Gaben deines Geistes,
Nur einige Spuren deiner Schritte

Damit eines Tages der stürmische Wind
Mit deinem Rhythmus sich vertraut macht,
Mit deinem Schweigen, mit deinem Ruf,
Und endlich deinen Weg bestimmt

Anmerkungen

1 Wie schon die Begegnungen, die der Entstehung der *Fünf Meditationen über die Schönheit* (München 2008, Original: *Cinq Méditations sur la beauté,* Paris 2006) vorausgegangen waren, konnten auch diese hier in einem schönen Yogasaal am Sitz des Nationalen Verbands der Yogalehrer Frankreichs stattfinden. Seinen Leitern sei an dieser Stelle ganz herzlich für ihre Gastfreundschaft gedankt, insbesondere Ysé Tardan-Masquelier und Patrick Tomatis.

2 Wie in allen romanischen Sprachen ist der Tod im Italienischen («la morte») und im Französischen («la mort») weiblich. *(Anm. d. Ü.)*

3 Rainer Maria Rilke, *Sämtliche Werke in sechs Bänden,* Bd. 1, hg. vom Rilke-Archiv in Verbindung mit Ruth Sieber-Rilke, besorgt durch Ernst Zinn, Frankfurt a. M. 1955, S. 347.

4 Ebd.

5 Der deutsche Titel ist übernommen von: Laozi, *Daodejing. Das Buch vom Weg und seiner Wirkung*, Chinesisch/Deutsch, übers. und hg. von Rainald Simon, Stuttgart 2009.

6 Hilmar Klaus, *Das Tao der Weisheit. Laozi – Daodejing,* Aachen 2008, S. 115, 117, 197.

7 Laozi, *Daodejing. Das Buch vom Weg und seiner Wirkung,* Kap. 16, 28, 33, 52, 59.

8 Rainer Maria Rilke, *Sämtliche Werke in sechs Bänden*, Bd. 1, S. 759.
9 Johann Wolfgang Goethe, *Werke. Hamburger Ausgabe in 14 Bänden*, Bd. 2, hg. von Erich Trunz, München 1999, S. 19.
10 Friedrich Hölderlin, *Sämtliche Werke und Briefe*, Bd. 1, hg. von Michael Knaupp, München 1992, S. 308 f.
11 Rainer Maria Rilke, *Sämtliche Werke in sechs Bänden*, Bd. 1, S. 19.
12 Ebd., S. 688.
13 Ebd., S. 736.
14 Martin Heidegger, *Sein und Zeit*, Tübingen [18]2001, S. 245 (zitiert aus: *Der Ackermann aus Böhmen*, hg. von Alois Bernt und Konrad Burdach, Berlin 1917, S. 46).
15 Rainer Maria Rilke, *Sämtliche Werke in sechs Bänden*, Bd. 1, S. 714.
16 Etty Hillesum, *Das denkende Herz der Baracke. Die Tagebücher 1941–1943*, Freiburg i. Br. u. a. 2014.
17 Aus dem Gedicht «Cors de chasse».
18 Friedrich Nietzsche, *Werke. Kritische Gesamtausgabe*, Bd. 8, 1, hg. von Giorgio Colli und Mazzino Montinari, S. 315f.
19 Aus dem Gedicht «L'Éternité».
20 Laozi, *Daodejing. Das Buch vom Weg und seiner Wirkung*, S. 133. Die letzte Zeile habe ich an François Chengs französische Übersetzung angeglichen. *(Anm. d. Ü.)*
21 2. Mose 3,14.
22 Ovid, *Liebesgedichte*, Lateinisch/Deutsch, übers. und hg. von Niklas Holzberg, Berlin 2014, S. 195.
23 Zitiert von Jean Mambrino, *L'Hespérie, pays du soir*, Orbey 2000.
24 1. Korinther 15,55.
25 Die vom Autor ausgeführte Kalligraphie des Satzes ist zu Beginn dieses Buches abgebildet.
26 Siehe meinen Artikel «Âme» («Seele») in der Zeitschrift *Europe*, Nr. 1000, 2012, S. 9–15.

27 Blaise Pascal, *Gedanken*, 793 (nach Brunschvicg).

28 François Cheng, *Fünf Meditationen über die Schönheit*, S. 66–70.

29 Aus dem Gedicht «Demain, dès l'aube, à l'heure où blanchit la campagne …».

30 Der zwischen dem 5. und dem 6. Jahrhundert in China entstandene Chan-Buddhismus gelangte im 12. Jahrhundert nach Japan und wurde dort als Zen bekannt. *(Anm. d. Ü.)*

31 Im Januar 2006 entführte eine Bande, die sich «gang des barbares» nannte, in einem Pariser Vorort einen jungen jüdischen Mann und folterte ihn mehrere Wochen lang zu Tode. *(Anm. d. Ü.)*

32 Pierre Seghers, *La Résistance et ses poètes*, Paris 2004, S. 297. Die deutsche Übersetzung beruht auf: *Wozu Theologie?*, hg. von Bertil Langenohl und Christian Große Rüschkamp, Münster 2005, S. 195–200. *(Anm. d. Ü.)*

33 Percy Bysshe Shelley, *Adonais. Eine Elegie auf den Tod von John Keats*, Englisch/Deutsch, übers. und hg. von Günter Plessow, Dozwil 2012, S. 53.

34 Rainer Maria Rilke, *Briefe*, Bd. 2, hg. vom Rilke-Archiv in Weimar in Verbindung mit Ruth Sieber-Rilke, besorgt durch Karl Altheim, Frankfurt a. M. 1950, S. 326.

35 Hohelied 8,6.

36 Lukas 23,34.

37 2. Mose 3,14.

38 Marcel Proust, *À la Recherche du temps perdu*, Bd. VI: *La Prisonnière*, Paris 1985, S. 223.

39 *Das denkende Herz. Die Tagebücher von Etty Hillesum 1941–1943*, hg. von J. G. Gaarlandt, Reinbek b. Hamburg 1985, S. 200.

40 Rainer Maria Rilke, *Sämtliche Werke in sechs Bänden*, Bd. 1, S. 275.

Aus dem Verlagsprogramm

Philosophie in C.H.Beck Paperback

Sarah Bakewell
Wie soll ich leben?

oder Das Leben Montaignes in einer Frage
und zwanzig Antworten
Aus dem Englischen von Rita Seuß
2. Auflage. 2019. 416 Seiten mit 14 Abbildungen und
2 Karten. Broschiert
Beck Paperback Band 6225

Sarah Bakewell
Das Café der Existenzialisten

Freiheit, Sein und Aprikosencocktails
mit Jean-Paul Sartre, Simone de Beauvoir, Albert Camus,
Martin Heidegger, Edmund Husserl, Karl Jaspers,
Maurice Merleau-Ponty und anderen
Aus dem Englischen von Rita Seuß
4. Auflage. 2021. 448 Seiten mit 26 Abbildungen. Broschiert
Beck Paperback Band 6303

François Cheng
Fünf Meditationen über die Schönheit

Aus dem Französischen von Judith Klein
3. Auflage. 2020. 156 Seiten. Broschiert
Beck Paperback Band 6078

François Cheng
Über die Schönheit der Seele

Sieben Briefe an eine wiedergefundene Freundin
Aus dem Französischen von Thomas Schultz
2. Auflage. 2022. 157 Seiten. Broschiert
Beck Paperback Band 6369

Michel de Montaigne
Von der Erfahrung

Montaignes letzter Essai
Aus dem Französischen von Helmut Knufmann
Mit einem Nachwort von Jürgen von Stackelberg
2009. 125 Seiten. Paperback
Beck'sche Reihe Band 1931